Mein großes
Grundschul-
wörterbuch

DIESES BUCH GEHÖRT:

compact

© Compact Verlag GmbH
Baierbrunner Straße 27, 81379 München
Ausgabe 2016

Text: Anemone Fesl, Kerstin Stricker
Redaktion: Astrid Kaufmann
Produktion: Ute Hausleiter
Abbildungen: siehe Bildnachweis S. 207
Titelabbildungen: Krokodil: shutterstock.com/HiSunnySky
Buchstabenrahmen: shutterstock.com/Vitek Prchal
Gestaltung: X-Design, München
Umschlaggestaltung: red.sign GbR, Stuttgart

ISBN 978-3-8174-1542-7
381741542/1

www.compactverlag.de

Inhaltsverzeichnis

Liebe Leserin, lieber Leser,

wenn du einen Brief, eine Geschichte oder ein Diktat schreibst, kommt es immer mal wieder vor, dass du dir bei dem einen oder anderen Wort unsicher bist, wie es geschrieben wird.

In so einem Fall kannst du nun dein Wörterbuch zur Hand nehmen. Es wird dir bestimmt weiterhelfen. Damit du möglichst schnell ans Ziel kommst, musst du natürlich wissen, wie du mit einem Wörterbuch richtig umgehst. Genau das wirst du auf den nächsten Seiten erfahren.

Wie kann ich ein Wort möglichst schnell finden?
Nehmen wir einmal an, du möchtest wissen, wie *Geburtstag* geschrieben wird. Was machst du nun? Gehst du das ganze Wörterbuch durch, bis du zufällig auf das gesuchte Wort stößt?

„Das dauert ja viel zu lange", wirst du verärgert einwenden.

Und du hast Recht! Zunächst musst du nämlich immer auf den Anfangsbuchstaben des gesuchten Wortes schauen. Er weist dir den Weg zu dem Bereich, wo dein Wort eingeordnet ist.

Und damit du nicht das gesamte Wörterbuch nach diesem Buchstaben durchsehen musst, ist es wichtig, dass du das ABC beherrschst. Denn danach ist jedes Wörterbuch aufgebaut. Die Wörter sind darin alphabetisch sortiert. Zuerst kommen diejenigen mit A, dann die mit B, darauf die mit C und so weiter.

Für den Fall, dass du dir beim Alphabet noch etwas unsicher bist, kannst du auf jeder Seite des Wörterverzeichnisses kurz spicken, denn hier ist jeweils am äußeren Rand das gesamte ABC angegeben. Der Buchstabe, um den es auf der Seite geht, ist jeweils mit einer kräftigen Farbe hinterlegt.

Es genügt jedoch noch nicht ganz, wenn du das Alphabet nur von An-
fang bis Ende aufsagen kannst. Du solltest auch wissen, wo sich die
einzelnen Buchstaben im Alphabet in etwa befinden. Nur so kannst
du erkennen, ob du das gewünschte Wort weiter vorn, in der Mitte
oder eher im hinteren Teil des Wörterbuchs suchen sollst. Auf diese
Art und Weise musst du nicht bei jedem Wort am Anfang des Buches
zu blättern beginnen und sparst so eine Menge Zeit beim Suchen.

So, nun weißt du, dass dir der Anfangs-
buchstabe entscheidend weiterhilft.
Aber wie ist es mit zwei Wörtern, die mit
dem gleichen Buchstaben beginnen? Wie
sind diese einsortiert? Um das heraus-
zufinden, musst du ebenfalls kein Zau-
berer sein. Jetzt kommt es nämlich auf
den zweiten Buchstaben an. So steht
etwa unter dem Buchstaben G das Wort
gucken nach dem Wort grüßen, da das
U im Alphabet weiter hinten steht als
das R. Ist auch der zweite Buchstabe
gleich, entscheidet der dritte Buchstabe
über die Reihenfolge und so weiter.

Jetzt weißt du also, wie wichtig es ist, dass du dich mit dem
ABC gut auskennst. Falls du noch Schwierigkeiten hast, gibt es
in den beiden Übungsheften verschiedene Aufgaben, die dir
dabei helfen, das Alphabet zu trainieren.

Eine weitere Orientierungshilfe stellen die Buchstaben in den
Kopfzeilen der einzelnen Spalten dar. Mit ihrer Hilfe kannst du auf
einen Blick erkennen, ob das gesuchte Wort überhaupt in der be-
treffenden Spalte stehen kann. Du wirst zum Beispiel Musik niemals
in der Spalte mit den Kopfbuchstaben mi, mo finden. Da bist du
noch nicht weit genug und musst in der nächsten Spalte schauen.

Wörter mit den Umlauten *ä, ö, ü* werden übrigens wie die Wörter mit *a, o* und *u* eingeordnet. Besteht der Unterschied nur im Umlaut selbst, kommt das Wort ohne Umlaut zuerst.

Zum Beispiel: **verwunschen**
verwünschen

Die Wortarten

Um dir die Arbeit mit dem Wörterbuch zu erleichtern, wurden die drei wichtigsten Wortarten in unterschiedlichen Farben abgedruckt. So erkennst du auf einen Blick, um welche Wortart es sich handelt.

Das Nomen (du kennst es auch als Namenwort) ist blau. Es steht immer der Begleiter (Artikel) davor, dahinter findest du den Plural, also die Mehrzahlform. Denke daran, dass du Nomen immer großschreibst!

Zum Beispiel: der **Baum**,
die Bäume

Das Verb (Tunwort) ist die am häufigsten verwendete Wortart. Es beschreibt, was jemand tut. Alle Vertreter dieser Wortart sind hier in grüner Schrift abgedruckt. Verben können in den Zeitformen *Gegenwart*, *Vergangenheit* und *Zukunft* stehen. Normalerweise ist nur die Grundform des Verbs angegeben. Ist es aber ein unregelmäßiges Verb und weicht die Schreibung der anderen Formen stark von der Grundform ab, werden auch diese Sonderformen aufgeführt. Besonders schwierige Formen gibt es sogar als eigenen Eintrag. Ein grauer Pfeil → verweist dann auf die Grundform.

Das Wort *essen* findest du deshalb nicht nur unter *E*, sondern auch unter *I* und *A*:

> **essen**, er isst, er aß, er hat gegessen
> er **aß** → essen
> er **isst** → essen

Das Adjektiv (Wiewort oder Eigenschafts-wort) ist die dritte wichtige Wortart. Ihre Vertreter sind in diesem Wörterbuch rot gedruckt. Genau wie die Verben schreibst du auch die Adjektive klein.
Adjektive kannst du steigern. In diesem Wörterbuch findest du normalerweise nur die Grundform, außer es handelt sich um besonders schwierige Steigerungsformen.

Zum Beispiel: **gut**, besser, am besten

Alle anderen Wortarten sind **schwarz** gedruckt.

Die Trennung von Wörtern
Ganz oft musst du wissen, wie man ein Wort trennen kann, bei-spielsweise wenn du am Ende einer Zeile angelangt bist. Meist kannst du das herausfinden, indem du es ganz langsam und deutlich sprichst und dabei in seine Sprechsilben zerlegst. Für den Fall, dass du dir aber doch einmal unsicher bist, helfen dir die Trennstriche weiter.

Zum Beispiel: das Ju|bi|lä|um

Achtung: Manche Wörter kannst du auf verschiedene Arten trennen. In diesem Fall sind beide Möglichkeiten unmittelbar nacheinander angegeben: **hi|naus, hin|aus**.

Schreibvarianten

Es gibt sogar einige Wörter, die du auf zwei verschiedene Arten schreiben darfst. In so einem Fall sind beide Varianten aufgelistet. Hat die eine Schreibweise einen anderen Anfangsbuchstaben, dann erscheint der Begriff noch an einer weiteren Stelle im Wörterverzeichnis:

Unter dem Buchstaben F: die **Fantasie**, auch: die Phantasie
Unter dem Buchstaben P: die **Phantasie**, auch: die Fantasie

Infokästen

> Wie dir beim Nachschlagen sicherlich auffallen wird, gibt es im Wörterverzeichnis immer wieder Infokästen, die so ähnlich gestaltet sind, wie dieser Textabschnitt. Dort findest du zusätzliche Erklärungen zu einem bestimmten Eintrag.

3./4. Klasse

Lesezeichen

Das Lesezeichen hilft dir beim Suchen und Finden der Wörter. Überlege, ob du im kurzen oder langen Wörterverzeichnis suchen möchtest und lege dir das Lesezeichen mit der entsprechenden Öffnung nach oben neben das Buch. Wenn du das richtige Wort gefunden hast, kannst du das Lesezeichen darüber legen und so ganz einfach die Zeile halten.

Wörterverzeichnis für die 2. Klasse

Für dieses kurze Wörterverzeichnis wurde der Wortschatz stark reduziert. Es enthält in erster Linie die Wörter des Grundwortschatzes für die 2. Jahrgangsstufe. Auch ist die Schrift etwas größer als beim langen Verzeichnis, das ab der 3. Klasse benutzt werden sollte.
Auf diese Weise findest du dich schneller zurecht, wenn du zum ersten Mal mit einem Wörterbuch arbeitest.

Es sind aber trotzdem schon Wörter aller drei Hauptwortarten vertreten. Diese sind auch hier wieder in einer bestimmten Farbe abgedruckt: Namenwörter/Nomen → blau, Tunwörter/Verben → grün; Wiewörter/Adjektive → rot. Wörter anderer Wortarten, die du in der 2. Klasse sowieso noch nicht genauer bestimmen musst, sind schwarz.

Bei den einzelnen Wortarten stehen zum Teil etwas andere Informationen als beim langen Wörterverzeichnis, das Meiste ist aber genau so, wie es auf den vorhergehenden Seiten erklärt wurde.

Bei den Nomen findest du wieder die Grundform fett gedruckt und blau. Die Mehrzahlform mager gedruckt und ebenfalls blau; davor steht immer der jeweilige Begleiter.

Zum Beispiel: das **Auto**, die Autos

Bei den Verben wurde auf die Angabe von Vergangenheitsformen verzichtet, da die Vergangenheit meist erst ab der 3. Klasse im Unterricht behandelt wird.

Dafür ist bei allen Verben die Personalform in der Gegenwart angegeben. So siehst du, bei welchen Verben sich der Stammvokal ändert (starke Verben) und bei welchen er so bleibt wie in der Grundform (schwache Verben).

Zum Beispiel: **baden**, er badet
                   geben, er gibt

Schwierige Gegenwartsformen findest du auch als eigene Einträge, die an einer anderen Stelle im Alphabet eingeordnet sind als die Grundform. Ein grauer Pfeil verweist dann wieder auf die Grundform. So findest du zum Beispiel das Wort *sein* nicht nur unter **S**, sondern auch unter **I** und **B.**

sein, er ist
er **ist** → sein
du **bist** → sein

Bei den Adjektiven ist nur die erste Steigerungsstufe angegeben, und auch nur dann, wenn sich der Stammvokal ändert.

Zum Beispiel:　　　**groß**, größer

Auch das kurze Wörterverzeichnis hat am Rand ein sogenanntes Griffregister, bei dem derjenige Buchstabe, der auf der Seite behandelt wird, mit einem kräftigen Rot hinterlegt ist.

In der Kopfzeile jeder Spalte sind zur besseren Orientierung wieder die ersten beiden Buchstaben der Wörter angegeben, die in dieser Spalte zu finden sind.

Auf die Angabe der Trennungsmöglichkeiten wurde im kurzen Verzeichnis bewusst verzichtet, damit es für Anfänger übersichtlicher ist. Möchtest du dennoch wissen, wie eines der Wörter getrennt wird, findest du dieses auch im Wörterverzeichnis für die 3. und 4. Klasse. So kannst du dich schon mal ein wenig mit diesem vertraut machen.

Wörterverzeichnis
für die 3. und 4. Klasse

Die Anfangsbuchstaben der Einträge in einer Spalte

Griffregister

Verben in Grün mit unregelmäßigen Konjugationsformen

Nomen in Blau mit Angabe des Artikels und des Plurals

Adjektive in Rot mit unregelmäßigen Steigerungsformen

dr, du .... du, dy.........

Aa	
Bb	
Cc	
Dd	
Ee	
Ff	
Gg	
Hh	
Ii	
Jj	
Kk	
Ll	
Mm	
Nn	
Oo	
Pp	
Qq	
Rr	
Ss	
Tt	
Uu	
Vv	
Ww	
Xx	
Yy	
Zz	

drei|ßig
dres|sie|ren
der **Dril|ling**, die Drillinge
drin|gend
drit|teln
drit|tens
dro|hen
dröh|nen
drol|lig
das **Dro|me|dar**, die Drome-
dare

der **Druck**, die Drucke
der **Drü|cke|ber|ger**, die
Drückeberger
drü|cken
die **Drü|se**, die Drüsen
du
du|cken
das **Du|lett**, die Duette
der **Duft**, die Düfte
duf|te
dul|den
dumm, dümmer, am
dümmsten
die **Dumm|heit**, die Dumm-
heiten
dün|gen
dun|kel
dünn
der **Dunst**, die Dünste
das **Duo**, die Duos

durch
durch|aus
das **Durch|ei|nan|der,**
Durch|ein|an|der
durch|ei|nan|der,
durch|ein|an|der
der **Durch|fall**, die Durch-
fälle
durch|fal|len, er fällt
durch → fallen
durch|flie|ßen, es flo
durch, es ist durchge-
flossen
durch|hal|ten, sie hie
durch, sie hat durchge-
halten
durch|set|zen, ich
setze durch
durch|sich|tig
dür|fen, du darfst, du
durftest, du hast gedur
dürr
die **Dür|re**, die Dürren
der **Durst**

Am Beispiel von *Durst*
kannst du sehen, dass ma
von manchen Wörtern kein
Mehrzahl bilden kann.

durs|tig
du|schen
düs|ter
das **Dut|zend**, Dutzende
du|zen
der **Dy|na|mo**, die Dyna

62

Infokästen zu Besonderheiten der deutschen Sprache

3./4. Klasse

Lesezeichen mit Aussparung als Hilfestellung zum Halten der Zeile

eb, ec, ed, eg, eh, ei .... ei ....

Jeder Buchstabe beginnt auf einer neuen Seite

Angabe aller Trennmöglichkeiten

weitere Wortarten in Schwarz

Verweis auf das Grundwort

Aa	
Bb	
Cc	
Dd	
Ee	
Ff	
Gg	
Hh	
Ii	
Jj	
Kk	
Ll	
Mm	
Nn	
Oo	
Pp	
Qq	
Rr	
Ss	
Tt	
Uu	
Vv	
Ww	
Xx	
Yy	
Zz	

die **Eb|be**, die Ebben
eben (flach)
eben|so
das **Echo**, die Echos
echt
die **Ecke**, die Ecken
eckig
edel
egal
ego|is|tisch
ehe
die **Ehe**, die Ehen
eher
die **Eh|re**, die Ehren
die **Eh|ren|ur|kun|de**,
die Ehrenurkunden
das **Eh|ren|wort**, die Ehren-
worte
ehr|gei|zig
ehr|lich
das **Ei**, die Eier
die **Ei|dech|se**,
die Eidechsen
die **Ei|fer|sucht**

ei|fer|süch|tig
ei|gen|ar|tig
die **Ei|gen|schaft**, die
Eigenschaften
ei|gent|lich
ei|len
der **Ei|mer**,
die Eimer
ein, eine, einer, eines
die **Ein|bahn|stra|ße**,
die Einbahnstraßen
der **Ein|band**, die Einbände
sich **ein|bil|den**, du bildest
dir ein
ein|bre|chen, sie bricht
ein → brechen
ein|deu|tig
ein|fach
der **Ein|fall**, die Einfälle
der **Ein|fluss**, die Einflüsse
der **Ein|gang**, die Eingänge
ein|ge|bil|det
ein|grei|fen, sie griffen
ein, sie haben eingegriffen

63

Das Bildwörterbuch

Wenn du in der Schule auch schon Englisch lernst, kannst du ab Seite 159 spielerisch deinen Wortschatz trainieren. Auf 40 Seiten findest du farbenfrohe Abbildungen mit den wichtigsten Vokabeln. Doch das Bildwörterbuch ist nicht nur für den Englischunterricht ein wertvolles Hilfsmittel. Es kann auch für das interkulturelle Lernen einen großen Beitrag leisten, da nicht nur der deutsche und der englische Begriff angegeben werden. Unter jedem Bild gibt es zusätzlich Platz zum Eintragen einer weiteren Sprache. Kinder, deren Muttersprache nicht Deutsch ist, können ihren Mitschülern so ihre Übersetzung vorstellen. Dadurch erhaltet ihr einen interessanten Einblick in die Vielfalt der Sprachen.

Unter **www.compactverlag.de/grundschulwoerterbuch/bildwoerterbuch** kann das Bildwörterbuch außerdem in vielen weiteren Sprachen kostenlos heruntergeladen werden. So wird es zu einer Hilfestellung für deinen Lehrer, wenn Kinder mit geringen Deutschkenntnissen in der Klasse sind. Grundsätzliche Verständigungsprobleme der ersten Wochen können gezielt aufgefangen werden.

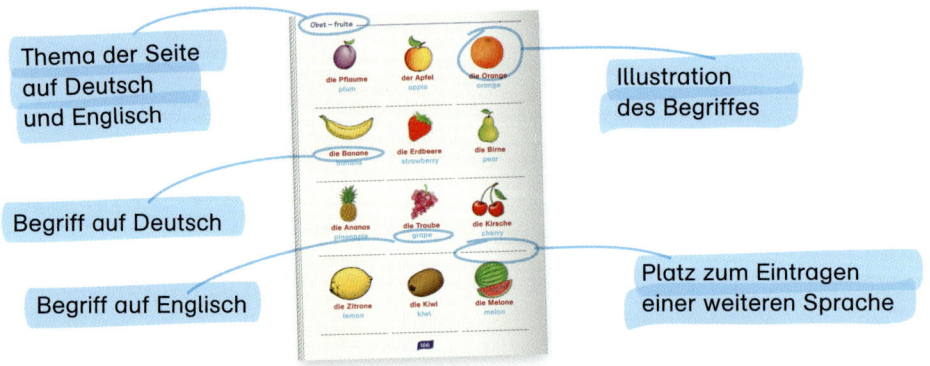

Thema der Seite auf Deutsch und Englisch

Illustration des Begriffes

Begriff auf Deutsch

Begriff auf Englisch

Platz zum Eintragen einer weiteren Sprache

Erste Sätze Deutsch

Auf den letzten Seiten dieses Buches findest du ganz einfache Sätze und Fragen auf Deutsch. Diese kannst du beantworten und anschließend in eine weitere Sprache übersetzen. Vielleicht auf Englisch? Vielleicht kennst du aber auch noch eine andere Sprache. Oder du fragst einfach deinen Banknachbarn. So kannst du ihn oder sie gleich besser kennenlernen.

Wörterverzeichnis
2. Klasse

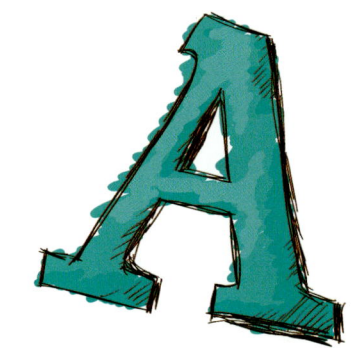

ab

der **Abend**, die Abende

aber

acht

der **Affe**, die Affen

alle, alles

als

also

alt, älter

am

die **Ameise**,
die Ameisen

die **Ampel**,
die Ampeln

an

der **Anfang**, die
Anfänge

anfangen, es
fängt an

die **Angst**, die Ängste

antworten, sie
antwortet

der **Apfel**, die Äpfel

der **April**

arbeiten, er
arbeitet

arm, ärmer

der **Ast**, die Äste

auf

die **Aufgabe**, die
Aufgaben

das **Auge**, die Augen

der **August**

aus

das **Auto**, die
Autos

Aa Bb Cc Dd Ee Ff Gg Hh Ii Jj Kk Ll Mm Nn Oo Pp Qq Rr Ss Tt Uu Vv Ww Xx Yy Zz

das **Baby**, die Babys
backen, sie bäckt
baden, er badet
der **Ball**, die Bälle

die **Banane**, die
Bananen
die **Bank**, die Bänke
der **Bär**, die Bären
der **Bauch**, die Bäuche
bauen, sie baut
der **Baum**, die
Bäume

bei
das **Bein**, die Beine
bekommen, sie
bekommt
das **Bett**, die Betten
bewegen, er
bewegt
bezahlen, sie
bezahlt
die **Biene**, die
Bienen
das **Bild**, die
Bilder
ich **bin** → sein
die **Birne**, die
Birnen
bis
du **bist** → sein
bitten, er bittet
das **Blatt**, die Blätter
blau
bleiben, sie bleibt
blühen, es blüht
die **Blume**, die
Blumen

die **Blüte**, die Blüten

das **Boot**, die Boote

böse

brauchen, sie braucht

braun

der **Brief**, die Briefe

bringen, er bringt

das **Brot**, die Brote

das **Brötchen**, die Brötchen

der **Bruder**, die Brüder

das **Buch**, die Bücher

bunt

der **Bus**, die Busse

der **Busch**, die Büsche

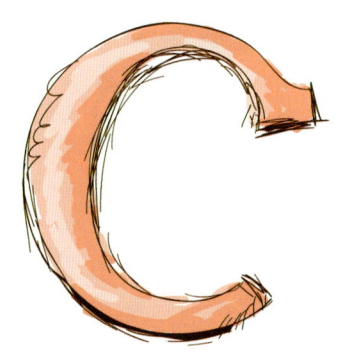

der **Cent**, die Cent

das **Chaos**

der **Christbaum**, die Christbäume

der **Clown**, die Clowns

der **Comic**, die Comics

der **Computer**, die Computer

Aa
Bb
Cc
Dd
Ee
Ff
Gg
Hh
Ii
Jj
Kk
Ll
Mm
Nn
Oo
Pp
Qq
Rr
Ss
Tt
Uu
Vv
Ww
Xx
Yy
Zz

Aa
Bb
Cc
Dd
Ee
Ff
Gg
Hh
Ii
Jj
Kk
Ll
Mm
Nn
Oo
Pp
Qq
Rr
Ss
Tt
Uu
Vv
Ww
Xx
Yy
Zz

D

da
das **Dach**, die Dächer
danken, sie dankt
dann
das
dass
dein, deine, deiner
dem
den
denken, er denkt
denn
der
deutsch
der **Dezember**

dich
dick
die
der **Dienstag**
diese, dieser, dieses
der **Dinosaurier**, die Dinosaurier
dir
doch
der **Donnerstag**
dort
die **Dose**, die Dosen
draußen
drei
drücken, sie drückt
du
dunkel
dünn
durch
dürfen, er darf
der **Durst**
die **Dusche**, die Duschen

E

das **Ei**, die Eier
eilig
der **Eimer**, die Eimer
ein, eine, einer
einfach
einige
eins
das **Eis**
der **Elefant**, die Elefanten

elf
die **Eltern**
das **Ende**
endlich
eng
die **Ente**, die Enten

er
die **Erde**
erklären, sie erklärt
erzählen, er erzählt
es
der **Esel**, die Esel

essen, sie isst
etwas
euch
euer, eure
die **Eule**, die Eulen
der **Euro**, die Euro

Aa
Bb
Cc
Dd
Ee
Ff
Gg
Hh
Ii
Jj
Kk
Ll
Mm
Nn
Oo
Pp
Qq
Rr
Ss
Tt
Uu
Vv
Ww
Xx
Yy
Zz

Aa
Bb
Cc
Dd
Ee
Ff
Gg
Hh
Ii
Jj
Kk
Ll
Mm
Nn
Oo
Pp
Qq
Rr
Ss
Tt
Uu
Vv
Ww
Xx
Yy
Zz

fahren, er fährt
fallen, sie fällt
die **Familie**, die
Familien
fangen, sie
fängt
der **Februar**
die **Feder**, die
Federn

der **Fehler**, die
Fehler
feiern, er feiert
das **Feld**, die
Felder
das **Fenster**, die
Fenster
die **Ferien**

das **Feuer**, die
Feuer

finden, sie findet
der **Finger**, die
Finger
der **Fisch**, die
Fische
fleißig
fliegen, sie fliegt

der **Flügel**, die
Flügel
flüssig
fragen, er fragt
die **Frau**, die
Frauen
frei
der **Freitag**

fremd
die **Freude**
sich **freuen**, er freut
    sich
der **Freund**, die
    Freunde
die **Freundin**, die
    Freundinnen
    frieren, sie friert
    frisch
die **Frucht**, die
    Früchte

der **Frühling**
der **Fuchs**, die
    Füchse
    füllen, sie füllt
der **Füller**, die
    Füller

    fünf
    für
der **Fuß**, die Füße

    ganz
der **Garten**, die
    Gärten
    geben, er gibt
der **Geburtstag**, die
    Geburtstage
    gehen, sie geht
    gelb
das **Geld**
das **Gemüse**
    genau
das **Geschenk**, die
    Geschenke

Aa
Bb
Cc
Dd
Ee
Ff
Gg
Hh
Ii
Jj
Kk
Ll
Mm
Nn
Oo
Pp
Qq
Rr
Ss
Tt
Uu
Vv
Ww
Xx
Yy
Zz

Aa
Bb
Cc
Dd
Ee
Ff
Gg
Hh
Ii
Jj
Kk
Ll
Mm
Nn
Oo
Pp
Qq
Rr
Ss
Tt
Uu
Vv
Ww
Xx
Yy
Zz

das **Gesicht**, die
Gesichter
gestern
gesund,
gesünder
die **Giraffe**, die
Giraffen

das **Glas**, die Gläser
glauben, er
glaubt
das **Gras**, die Gräser
groß, größer
grün
der **Gruß**, die Grüße
grüßen, sie grüßt
gut, besser

das **Haar**, die Haare
haben, er hat
der **Hals**, die Hälse
halten, sie hält
die **Hand**, die Hände
hart, härter
der **Hase**, die Hasen
das **Haus**, die Häuser

die **Haut**, die Häute
die **Hecke**, die
Hecken
das **Heft**, die Hefte
heiß
heißen, er heißt

helfen, sie hilft
hell
das **Hemd**, die Hemden
her
der **Herbst**

der **Herr**, die Herren
heute
die **Hexe**, die
Hexen
hier
die **Hilfe**
der **Himmel**
hin
hinter
hoch, höher
holen, sie holt
hören, er hört
die **Hose**, die Hosen
das **Huhn**, die Hühner
der **Hund**, die Hunde
hundert

ich
die **Idee**, die
Ideen
der **Igel**,
die Igel
ihm
ihn, ihnen
ihr, ihre
im
immer
in
der **Indianer**, die
Indianer

ins
das **Internet**
er **ist** → sein

Aa
Bb
Cc
Dd
Ee
Ff
Gg
Hh
Ii
Jj
Kk
Ll
Mm
Nn
Oo
Pp
Qq
Rr
Ss
Tt
Uu
Vv
Ww
Xx
Yy
Zz

Aa
Bb
Cc
Dd
Ee
Ff
Gg
Hh
Ii
Jj
Kk
Ll
Mm
Nn
Oo
Pp
Qq
Rr
Ss
Tt
Uu
Vv
Ww
Xx
Yy
Zz

J

K

ja
die **Jacke**, die Jacken
das **Jahr**, die Jahre
jammern, er
jammert
der **Januar**
jede, jeder, jedes
jemand
jetzt
das **Jo-Jo**, die
Jo-Jos
der **Juli**
jung,
jünger
der **Junge**, die Jungen

der **Juni**

der **Käfer**, die Käfer
der **Kalender**, die
Kalender
kalt, kälter
die **Kälte**
kaputt
der **Käse**
die **Katze**, die
Katzen

kaufen, sie
kauft
kein, keine,
keiner
kennen, er kennt
das **Kind**, die Kinder

die **Kiste**, die Kisten
die **Klasse**, die Klassen
kleben, sie klebt
das **Kleid**, die Kleider

klein
klingen, es klingt
kochen, sie kocht
der **Koffer**, die Koffer
kommen, er kommt
können, sie kann
der **Kopf**, die Köpfe
der **Körper**, die Körper
kosten, es kostet
krank, kränker
das **Kraut**, die Kräuter
die **Kuh**, die Kühe
kurz, kürzer

lachen, sie lacht
lang, länger
laufen, er läuft

laut
leben, sie lebt
leer
legen, er legt
der **Lehrer**, die Lehrer

Aa
Bb
Cc
Dd
Ee
Ff
Gg
Hh
Ii
Jj
Kk
Ll
Mm
Nn
Oo
Pp
Qq
Rr
Ss
Tt
Uu
Vv
Ww
Xx
Yy
Zz

Aa
Bb
Cc
Dd
Ee
Ff
Gg
Hh
Ii
Jj
Kk
Ll
Mm
Nn
Oo
Pp
Qq
Rr
Ss
Tt
Uu
Vv
Ww
Xx
Yy
Zz

die **Lehrerin**, die
Lehrerinnen
leicht
leise
lernen, sie lernt
lesen, er liest
die **Leute**
das **Lexikon**
das **Licht**, die
Lichter

lieb
lieben, sie liebt
das **Lied**, die
Lieder
liegen, er liegt
der **Löwe**, die
Löwen
die **Luft**, die Lüfte
lustig

machen, sie
macht
das **Mädchen**, die
Mädchen
der **Mai**
malen, er malt

man
manchmal
der **Mann**, die
Männer
der **März**
die **Maus**, die
Mäuse

mein, meine,
meiner
der **Mensch**, die
Menschen
mich
die **Minute**, die
Minuten
mir
mit
der **Mittwoch**
mögen, sie
mag
der **Monat**, die
Monate
der **Mond**
der **Montag**
morgen
müde
der **Mund**, die
Münder
die **Musik**
müssen, er
muss
der **Mut**
mutig
die **Mutter**, die
Mütter

N

nach
der **Nachmittag**, die
Nachmittage
die **Nacht**, die
Nächte
der **Nagel**, die
Nägel
nah, näher
der **Name**, die
Namen
die **Nase**, die
Nasen

nass
natürlich
der **Nebel**

Aa
Bb
Cc
Dd
Ee
Ff
Gg
Hh
Ii
Jj
Kk
Ll
Mm
Nn
Oo
Pp
Qq
Rr
Ss
Tt
Uu
Vv
Ww
Xx
Yy
Zz

Aa
Bb
Cc
Dd
Ee
Ff
Gg
Hh
Ii
Jj
Kk
Ll
Mm
Nn
Oo
Pp
Qq
Rr
Ss
Tt
Uu
Vv
Ww
Xx
Yy
Zz

nehmen, sie
nimmt
nein
das **Nest**, die
Nester

neu
neun
nicht
nichts
nie
niemand
noch
der **November**
die **Nudel**, die
Nudeln
nun
nur

ob
oben
das **Obst**

obwohl
oder
offen
öffnen, er öffnet
oft
ohne
das **Ohr**, die Ohren

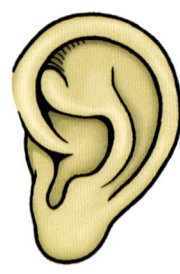

der **Oktober**
die **Oma**, die Omas
der **Onkel**, die
   Onkel
der **Opa**, die Opas
der **Ort**, die Orte
   Ostern

das **Pferd**, die Pferde
die **Pflanze**, die
   Pflanzen
   pflegen, er pflegt
der **Pinsel**, die Pinsel
der **Pirat**, die Piraten
die **Pizza**, die Pizzas
der **Platz**, die Plätze
   plötzlich
die **Polizei**
die **Pommes**

das **Paket**, die
   Pakete

das **Papier**, die
   Papiere
die **Pause**, die Pausen

das **Pony**, die Ponys
der **Preis**, die Preise
der **Punkt**, die Punkte
die **Puppe**, die
   Puppen
   putzen, sie putzt

Aa
Bb
Cc
Dd
Ee
Ff
Gg
Hh
Ii
Jj
Kk
Ll
Mm
Nn
Oo
Pp
Qq
Rr
Ss
Tt
Uu
Vv
Ww
Xx
Yy
Zz

A a
B b
C c
D d
E e
F f
G g
H h
I i
J j
K k
L l
M m
N n
O o
P p
Q q
R r
S s
T t
U u
V v
W w
X x
Y y
Z z

das **Quadrat**, die Quadrate
quaken, er quakt

die **Qualle**, die Quallen
der **Quark**
der **Quatsch**
die **Quelle**, die Quellen
quengeln, sie quengelt
quer
das **Quiz**

der **Rabe**, die Raben
das **Rad**, die Räder
raten, er rät
die **Raupe**, die Raupen

rechnen, sie rechnet
rechts
reden, er redet
der **Regen**
regnen, es regnet

reich
reimen, er reimt
reisen, sie reist
reiten, sie reitet
rennen, er
rennt
der **Rest**, die
Reste
richtig
riechen, sie
riecht
der **Ring**, die
Ringe
der **Rock**, die
Röcke

rollen, er rollt
rot
der **Rücken**, die
Rücken
rufen, sie ruft
rund

der **Saft**, die Säfte
sagen, er sagt
das **Salz**
der **Samstag**
der **Sand**

sandig
der **Satz**, die Sätze
schauen, sie
schaut
scheinen, es
scheint
schenken, er
schenkt

Aa
Bb
Cc
Dd
Ee
Ff
Gg
Hh
Ii
Jj
Kk
Ll
Mm
Nn
Oo
Pp
Qq
Rr
Ss
Tt
Uu
Vv
Ww
Xx
Yy
Zz

die **Schere**, die
Scheren

das **Schiff**, die Schiffe

schlafen, sie
schläft

schlagen, er
schlägt

schlau

schlecht

der **Schmetterling**, die
Schmetterlinge

der **Schnee**

schneiden, sie
schneidet

schnell

schon

schön

schreiben, er
schreibt

schreien, sie
schreit

der **Schuh**, die
Schuhe

die **Schule**, die
Schulen

der **Schüler**, die
Schüler

die **Schülerin**, die
Schülerinnen

schütten, er
schüttet

schwarz

die **Schwester**, die
Schwestern

schwimmen, er
schwimmt

sechs

sehen, sie sieht

sehr

die **Seife**, die Seifen

sein, er ist

sein, seine, seiner

seit

die **Seite**, die Seiten

die **Sekunde**, die Sekunden

der **September**

sich

sie

sieben

sie **sind** → sein

singen, sie singt

sitzen, er sitzt

so

der **Sohn**, die Söhne

sollen, sie soll

der **Sommer**, die Sommer

die **Sonne**

der **Sonntag**

sonst

die **Spaghetti**

sparen, er spart

spät

spielen, sie spielt

spitz

der **Sport**

sprechen, er spricht

der **Stängel**, die Stängel

stehen, sie steht

der **Stein**, die Steine

stellen, er stellt

der **Stift**, die Stifte

still

die **Stirn**

der **Strauch**, die Sträucher

die **Stunde**, die Stunden

suchen, sie sucht

Aa
Bb
Cc
Dd
Ee
Ff
Gg
Hh
Ii
Jj
Kk
Ll
Mm
Nn
Oo
Pp
Qq
Rr
Ss
Tt
Uu
Vv
Ww
Xx
Yy
Zz

Aa
Bb
Cc
Dd
Ee
Ff
Gg
Hh
Ii
Jj
Kk
Ll
Mm
Nn
Oo
Pp
Qq
Rr
Ss
Tt
Uu
Vv
Ww
Xx
Yy
Zz

der **Tag**, die Tage
die **Tante**, die Tanten
tanzen, sie tanzt
tapfer
die **Tasche**, die Taschen
die **Tasse**, die Tassen
der **Teddy**, die Teddys
der **Tee**

teilen, er teilt
des **Telefon**, die Telefone

der **Teller**, die Teller
die **Temperatur**, die Temperaturen
teuer
das **Thermometer**, die Thermo-meter
tief
das **Tier**, die Tiere
der **Tiger**, die Tiger

der **Tisch**, die Tische
die **Tochter**, die Töchter
der **Topf**, die Töpfe
tragen, er trägt
trinken, sie trinkt
tun, er tut
turnen, sie turnt

üben, er übt
über
die **Übung**, die
Übungen
das **Ufer**, die Ufer
die **Uhr**, die
Uhren

um
und
der **Unfall**, die
Unfälle
uns
unser, unsere
unten
unter

der **Vampir**, die
Vampire
die **Vase**, die
Vasen
der **Vater**, die
Väter

verbessern, er
verbessert
vergessen, sie
vergisst

Aa
Bb
Cc
Dd
Ee
Ff
Gg
Hh
Ii
Jj
Kk
Ll
Mm
Nn
Oo
Pp
Qq
Rr
Ss
Tt
Uu
Vv
Ww
Xx
Yy
Zz

Aa
Bb
Cc
Dd
Ee
Ff
Gg
Hh
Ii
Jj
Kk
Ll
Mm
Nn
Oo
Pp
Qq
Rr
Ss
Tt
Uu
Vv
Ww
Xx
Yy
Zz

verkaufen, sie verkauft

der **Verkehr**

verstehen, er versteht

versuchen, sie versucht

viel

vielleicht

vier

der **Vogel**, die Vögel

voll

vom

von

vor

vorher

vorsichtig

wachsen, er wächst

die **Waffel**, die Waffeln

wann

warm, wärmer

warten, sie wartet

warum

was

waschen, er wäscht

das **Wasser**

der **Weg**, die Wege

Weihnachten

weil

weinen, sie

weint

weiß

weit

weiter

welche, welcher,

welches

wem

wen

wenig

wenn

wer

werden, sie wird

werfen, er wirft

das **Wetter**

wie

wieder

die **Wiese**, die

Wiesen

der **Wind**, die Winde

winken, sie

winkt

der **Winter**

wir

wissen, er weiß

wo

die **Woche**, die

Wochen

wohnen, sie

wohnt

die **Wolke**, die

Wolken

wollen, er will

das **Wort**, die

Wörter

wünschen, sie

wünscht

die **Wurzel**, die

Wurzeln

Aa
Bb
Cc
Dd
Ee
Ff
Gg
Hh
Ii
Jj
Kk
Ll
Mm
Nn
Oo
Pp
Qq
Rr
Ss
Tt
Uu
Vv
Ww
Xx
Yy
Zz

Aa
Bb
Cc
Dd
Ee
Ff
Gg
Hh
Ii
Jj
Kk
Ll
Mm
Nn
Oo
Pp
Qq
Rr
Ss
Tt
Uu
Vv
Ww
Xx
Yy
Zz

das **Xylofon**, die Xylofone

die **Yacht**, die Yachten
das **Ypsilon**

die **Zahl**, die Zahlen
zahlen, er zahlt
zählen, sie zählt

der **Zahn**, die Zähne
die **Zehe**, die Zehen
zehn
zeigen, er zeigt
die **Zeit**, die Zeiten
die **Zeitung**, die Zeitungen

das **Zimmer**, die Zimmer
der **Zoo**, die Zoos
zu
der **Zucker**
der **Zug**, die Züge
zum
zur
zusammen
zwei
der **Zweig**, die Zweige
die **Zwiebel**, die Zwiebeln
zwölf

Wörterverzeichnis
3./4. Klasse

der	**Aal**, die Aale
das	**Aas**, die Aase

> Ein Doppelselbstlaut – wie das *aa* in *Aal* und *Aas* – zeigt dir an, dass du das *a* lang sprechen musst. Meist befindet sich der Doppelselbstlaut aber nicht am Wortanfang, sondern in der Mitte. Den Doppelselbstlaut *aa* findest du zum Beispiel auch in *das Haar, das Paar, die Saat, der Saal.*

ab

die	**Ab|bil|dung**, die Abbildungen
der	**Ab|bruch**, die Abbrüche
das	**ABC**, auch: Abc
der	**Abc-Schüt|ze**, die Abc-Schützen
der	**Abend**, die Abende
	abends

das	**Aben|teu|er**, die Abenteuer
	aben|teu|er|lich
der	**Aben|teu|er|spiel|platz**, die Abenteuer- spielplätze
	aber
der	**Aber|glau|be**
	aber|gläu|bisch
	ab|fah|ren, du fährst ab → fahren
die	**Ab|fahrt**, die Abfahrten
der	**Ab|fall**, die Abfälle
	ab|flie|gen, du fliegst ab → fliegen
der	**Ab|flug**, die Abflüge
der	**Ab|fluss**, die Abflüsse
	ab|fra|gen, du fragst ab
	ab|ge|le|gen
der	**Ab|grund**, die Abgründe
	ab|gu|cken, du guckst ab
der	**Ab|hang**, die Abhänge
das	**Abi|tur**, **Ab|itur**

Aa
Bb
Cc
Dd
Ee
Ff
Gg
Hh
Ii
Jj
Kk
Ll
Mm
Nn
Oo
Pp
Qq
Rr
Ss
Tt
Uu
Vv
Ww
Xx
Yy
Zz

Aa
Bb
Cc
Dd
Ee
Ff
Gg
Hh
Ii
Jj
Kk
Ll
Mm
Nn
Oo
Pp
Qq
Rr
Ss
Tt
Uu
Vv
Ww
Xx
Yy
Zz

die **Ab|kür|zung**, die Abkürzungen
ab|le|cken, du leckst ab
ab|leh|nen, du lehnst ab
ab|len|ken, du lenkst ab
ab|ma|chen, du machst ab

das **Abon|ne|ment**, die Abonnements
abon|nie|ren
ab|pau|sen

der **Ab|riss**, die Abrisse

der **Ab|schied**, die Abschiede

der **Ab|schnitt**, die Abschnitte

ab|seits
ab|sen|den, du sendest ab

der **Ab|sen|der**, die Ab-sender

die **Ab|sicht**, die Absichten
ab|sicht|lich
ab|spü|len, du spülst ab
ab|stam|men, du stammst ab

die **Ab|stam|mung**

der **Ab|stand,** die Abstände
ab|stei|gen, er steigt ab → steigen
ab|stel|len, du stellst ab

der **Ab|stieg**, die Abstiege
ab|stim|men, sie stimmen ab

der **Ab|sturz**, die Abstürze

ab|stür|zen, er stürzt ab

das **Ab|teil**, die Abteile

ab|trock|nen, du trocknest ab
ab|wärts

der **Ab|wasch**
ab|wa|schen, du wäschst ab → waschen

die **Ab|wechs|lung**, die Abwechslungen
ab|wechs|lungs|reich

die **Ab|wehr**
ab|weh|ren, du wehrst ab

der **Ab|zähl|reim**, die Ab-zählreime

das **Ab|zei|chen**, die Ab-zeichen

die **Ach|se**, die Achsen

die **Ach|sel**, die Achseln

acht
Acht ge|ben
ach|ten

die **Ach|ter|bahn**, die Achterbahnen
acht|los

die **Ach|tung**
acht|zig

äch|zen

der **Acker**, die Äcker

ackern

der **Adel**

die **Ader**, die Adern

das **Ad|jek|tiv**, die Adjektive

der **Ad|ler**, die Adler

ad|op|tie|ren

der **Ad|res|sat**,
die Adressaten

> Der *Adressat* ist derjenige,
> der einen Brief erhält. Der-
> jenige, der den Brief
> geschrieben und abge-
> schickt hat, heißt *Adressant*.

die **Ad|res|se**
die Adressen

ad|res|sie|ren

der **Ad|vent**

der **Af|fe**, die Affen

Af|ri|ka

af|ri|ka|nisch

die **AG**, die AGs

> *AG* ist die Abkürzung für
> *A*rbeits*g*emeinschaft.

die **Ag|gres|si|on**, die
Aggressionen

ag|gres|siv

Ägyp|ten

ägyp|tisch

ah|nen

ähn|lich

ah|nungs|los

die **Äh|re**, die Ähren

(das) **Aids**

der **Ak|kord**, die Akkorde

der **Ak|ku**, die Akkus

der **Ak|ku|sa|tiv**

ak|tiv

der **Alarm**, die Alarme

al|bern

der **Alb|traum**, auch: der
Alptraum, die Albträume

das **Al|bum**, die Alben

der **Al|ko|hol**

Al|lah

al|le, alles

die **Al|lee**, die Alleen

al|lein

die **Al|ler|gie**, die Allergien

all|ge|mein

all|mäh|lich

der **All|tag**

die **Al|pen**

> Manche Wörter kommen
> nur in der Mehrzahl
> (= Plural) vor. So kann man
> zum Beispiel vom Wort
> *Alpen* keine Einzahl
> (= Singular) bilden.

das **Al|pha|bet**

al|pha|be|tisch

Aa
Bb
Cc
Dd
Ee
Ff
Gg
Hh
Ii
Jj
Kk
Ll
Mm
Nn
Oo
Pp
Qq
Rr
Ss
Tt
Uu
Vv
Ww
Xx
Yy
Zz

als

also

alt, älter, am ältesten

der **Al**tar, die Altäre

das **Al**ter

das **Al**ter**tum**

altklug

altmo**disch**

das **Alt**pa**pier**

die **Alu**fo**lie**

am

das **Am**bu**lanz**, die Ambu-
lanzen

die **Amei**se,
die Ameisen

Ameri**ka**

ameri**ka**nisch

die **Am**pel, die Ampeln

die **Am**sel, die Amseln

das **Amt**, die Ämter

an

anbie**ten**, du bietest an
→ bieten

ande**rer**, andere,
anderes

ande**rer**seits

ändern

anders

anfäl**lig**

der **An**fang, die Anfänge

anfan**gen**, du fängst
an, du fingst an, du hast
angefangen

der **An**ge**ber**, die Angeber

das **An**ge**bot**, die Angebote

die **An**gel, die Angeln

angeln, ich angle,
er angelt

ange**nehm**

sich **an**ge**wöh**nen, sie
gewöhnt sich an

die **An**ge**wohn**heit,
die Angewohnheiten

angrei**fen**, du greifst
an → greifen

der **An**griff, die Angriffe

die **Angst**, die Ängste

ängstlich

der **An**hän**ger**, die
Anhänger

der **An**ker, die Anker

ankom**men**, du
kommst an → kommen

die **An**kunft

anleh**nen**, er lehnt an

anlü**gen**, er log an, er
hat angelogen

anma**len**, du malst an

anneh**men**, du nimmst
an → nehmen

der **An**o**rak**,
die Anoraks

die **An**re**de**

anru**fen**,
du rufst an
→ rufen

anschau**lich**

anschei**nend**

der **An**schluss, die An-
schlüsse

die **An**schrift, die
Anschriften

an|se|hen, du siehst an
→ sehen

an|stän|dig

an|statt

an|ste|cken, du steckst
an

an|ste|ckend

an|stel|le, auch: an
Stelle

sich **an|stel|len**, du stellst
dich an

sich **an|stren|gen**, du
strengst dich an

an|stren|gend

die **An|ten|ne**, die Antennen

der **An|trag**, die Anträge

die **Ant|wort**, die Antworten

ant|wor|ten

die **An|zahl**

die **An|zei|ge**, die Anzeigen

an|zei|gen

sich **an|zie|hen**, du ziehst
dich an → ziehen

der **An|zug**, die Anzüge

an|zün|den, sie zündete
an, sie hat angezündet

der **Ap|fel**, die Äpfel

> Es gibt viele zusammenge-
> setzte Begriffe, in denen
> das Wort *Apfel* enthalten
> ist. Manchmal steht es am
> Wortanfang, manchmal am
> Wortende: *Apfel*baum,
> *Apfel*saft, *Apfel*kuchen,
> *Apfel*ernte, Brat*apfel* …

die **Apo|the|ke**, die Apo-
theken

der **Ap|pa|rat**, die Apparate

der **Ap|pe|tit**

ap|pe|tit|lich

der **Ap|plaus**

der **April**

das **Aqua|ri|um**, die Aquarien

der **Äqua|tor**

die **Ar|beit**, die Arbeiten

ar|bei|ten

ar|beits|los

der **Ar|beits|lo|se**,
die Arbeitslosen

der **Ar|chi|tekt**, die Archi-
tekten

der **Är|ger**

är|ger|lich

är|gern

arg|los

arm, ärmer, am ärmsten

der **Arm**, die Arme

die **Ar|mee**, die Armeen

der **Är|mel**, die
Ärmel

die **Ar|mut**

die **Art**, die
Arten

ar|tig

Aa
Bb
Cc
Dd
Ee
Ff
Gg
Hh
Ii
Jj
Kk
Ll
Mm
Nn
Oo
Pp
Qq
Rr
Ss
Tt
Uu
Vv
Ww
Xx
Yy
Zz

der **Ar|ti|kel**, die Artikel
die **Arz|nei**, die Arzneien
der **Arzt**, die Ärzte
die **Asche**
asch|fahl
asi|a|tisch
Asi|en
er **aß** → essen
der **Ast**, die Äste
der **Atem**
atem|los
der **At|lan|tik**
der **At|las**, die Atlanten,
auch: die Atlasse

> Bei manchen Wörtern kann
> man die Mehrzahl auf
> zwei unterschiedliche Arten
> bilden. Es ist *dir* überlassen,
> ob du *die Atlanten* oder
> *die Atlasse* sagst.
> Beides ist richtig.

at|men
auch
auf
der **Auf|bau**
auf|blü|hen, du blühst
auf
der **Auf|bruch**, die Auf-
brüche
die **Auf|ga|be**, die Auf-
gaben
auf|hö|ren, er hört auf
auf|klä|ren, du klärst
auf

der **Auf|kle|ber**, die Auf-
kleber
auf|merk|sam
die **Auf|merk|sam|keit**,
die Aufmerksamkeiten
auf|räu|men, sie räumt
auf
auf|recht
sich **auf|re|gen**, du regst dich
auf
auf|re|gend
auf|rich|tig
der **Auf|satz**, die Aufsätze
aufs
auf|ste|hen → stehen

der **Auf|trag**, die Aufträge
auf|tre|ten
der **Auf|wand**
auf|wärts
auf|we|cken, du weckst
(jemanden) auf
auf|wen|dig, auch: auf-
wändig
auf|zäh|len
die **Auf|zäh|lung**,
die Aufzählungen
auf|zeich|nen
die **Auf|zeich|nung**, die
Aufzeichnungen

der **Auf|zug**,
die Aufzüge

das **Au|ge**,
die Augen

der **Au|gen|blick**,
die Augenblicke
au|gen|blick|lich

der **Au|gust**

aus

aus|bil|den, er bildet
aus

die **Aus|bil|dung**, die Aus-
bildungen

die **Aus|dau|er**

der **Aus|druck**, die Aus-
drücke (Wörter), auch:
Ausdrucke (mehrere
Blätter Papier)
aus|dru|cken, du
druckst aus

(sich) **aus|drü|cken**, er drückt
(sich) aus
aus|drück|lich
aus|ei|nan|der,
aus|ein|an|der

der **Aus|flug**, die Ausflüge
aus|führ|lich

der **Aus|gang**, die Ausgänge
aus|ge|ben → geben
aus|ge|fal|len
aus|ge|zeich|net
aus|gie|big
aus|hal|ten → halten

die **Aus|kunft**, die Aus-
künfte

das **Aus|land**

der **Aus|län|der**, die Aus-
länder
aus|lei|hen, du leihst
aus → leihen

die **Aus|nah|me**,
die Ausnahmen
aus|nahms|wei|se

der **Aus|puff**, die Auspuffe

die **Aus|re|de**, die Ausreden
aus|rei|chend

das **Aus|ru|fe|zei|chen**,
die Ausrufezeichen

sich **aus|ru|hen**

au|ßen

au|ßer

äu|ßer|lich

au|ßer|or|dent|lich

aus|nut|zen, auch: aus-
nützen, er nutzt aus

die **Aus|sicht**, die Aus-
sichten

die **Aus|spra|che**,
die Aussprachen

die **Aus|stel|lung**,
die Ausstellungen
Aus|tra|li|en
aus|tra|lisch

die **Aus|wahl**
aus|wäh|len, du wählst
aus
aus|wen|dig

der **Aus|weg**, die
Auswege

das **Au|to**,
die Autos
au|to|ma|tisch

Aa
Bb
Cc
Dd
Ee
Ff
Gg
Hh
Ii
Jj
Kk
Ll
Mm
Nn
Oo
Pp
Qq
Rr
Ss
Tt
Uu
Vv
Ww
Xx
Yy
Zz

Aa
Bb
Cc
Dd
Ee
Ff
Gg
Hh
Ii
Jj
Kk
Ll
Mm
Nn
Oo
Pp
Qq
Rr
Ss
Tt
Uu
Vv
Ww
Xx
Yy
Zz

das **Ba|by**, die Babys
der **Bach**, die Bäche
die **Ba|cke**, die Backen
ba|cken, du backst,
auch: du bäckst
der **Bä|cker**, die Bäcker
der **Back|ofen**, die Backöfen
das **Bad**, die Bäder
der **Ba|de|an|zug**, die
Badeanzüge
ba|den
Ba|den-Würt|tem|berg
der **Bag|ger**, die
Bagger

die **Bahn**, die Bahnen
die **Bahn|hof**, die Bahnhöfe
die **Bah|re**, die Bahren
die **Bak|te|rie**, die Bakterien
die **Bal|lan|ce**
bald
sich **bal|gen**

der **Bal|kon**, die Balkone
der **Ball**, die Bälle

Verschiedene Ballspiele:
Base*ball*, Basket*ball*,
Fuß*ball*, Hand*ball*,
Volley*ball,* Völker*ball* ...

der **Bal|lon**, die Ballons,
auch: die Ballone
die **Ba|na|ne**, die Bananen
das **Band**, die Bänder
der **Band**, die Bände (Buch)
die **Band**, die Bands (Musik)
bang, auch: bange
die **Bank**, die Bänke

Das Wort *Bank* hat zwei
Bedeutungen. Die Mehrzahl
heißt je nach Bedeutung
anders: 1. *die Bank zum
Sitzen*, Mehrzahl: *die Bänke*
2. *das Geldinstitut*, Mehrzahl:
die Banken.

bar

der **Bär**, die Bären

bar|fuß

das **Bar|geld**

barm|her|zig

der **Bart**, die Bärte

bär|tig

der **Bass**, die Bässe

bas|teln

der **Bau**, die Bauten

der **Bauch**, die Bäuche

bau|en

der **Bau|er**, die Bauern

der **Bau|ern|hof**, die Bauernhöfe

der **Baum**, die Bäume

bay|e|risch, auch: bayrisch

Bay|ern

be|ach|ten

der **Be|am|te**, die Beamten

be|ängs|ti|gend

das **Be|cken**, die Becken

be|dan|ken

be|dau|er|lich

be|dau|ern, ich bedaure

be|deu|ten

die **Be|deu|tung**, die Bedeutungen

die **Be|din|gung**, die Bedingungen

sich **be|ei|len**, er beeilt sich

be|ein|dru|ckend

die **Be|er|di|gung**, die Beerdigungen

die **Bee|re**, die Beeren

> Verschiedene Beeren: Erd-*beere*, Him*beere*, Johannis-*beere*, Blau*beere*.

der **Be|fehl**, die Befehle

be|feh|len, du befiehlst, du befahlst, du hast befohlen

be|freun|det

be|frie|di|gend

be|gabt

die **Be|ga|bung**, die Begabungen

be|geis|tert

die **Be|geis|te|rung**

der **Be|ginn**

be|gin|nen, es begann, es hat begonnen

be|glei|ten

be|gra|ben

das **Be|gräb|nis**, die Begräbnisse

be|grei|fen, sie begriffen

der **Be|griff**, die Begriffe

be|grün|den

die **Be|grün|dung**, die Begründungen

Aa
Bb
Cc
Dd
Ee
Ff
Gg
Hh
Ii
Jj
Kk
Ll
Mm
Nn
Oo
Pp
Qq
Rr
Ss
Tt
Uu
Vv
Ww
Xx
Yy
Zz

Aa
Bb
Cc
Dd
Ee
Ff
Gg
Hh
Ii
Jj
Kk
Ll
Mm
Nn
Oo
Pp
Qq
Rr
Ss
Tt
Uu
Vv
Ww
Xx
Yy
Zz

be|grü|ßen
die Be|grü|ßung, die Be-grüßungen
be|hal|ten, er behält, er behielt, er hat behalten
der Be|häl|ter, die Behälter
be|han|deln
die Be|hand|lung, die Be-handlungen
be|haup|ten
be|herr|schen
be|hin|dert
die Be|hin|de|rung, die Be-hinderungen
bei
die Beich|te, die Beichten
bei|de
bei|ei|nan|der, bei|ein|an|der
beige
das Bei|leid
beim
das Bein, die Beine
bei|na|he
bei|sam|men
das Bei|spiel, die Beispiele
bei|ßen, er biss, er hat gebissen
be|kannt
be|kom|men, du be-kamst, du hast bekommen
be|kömm|lich
be|läs|ti|gen
be|lau|ern
be|lei|di|gen

die Be|lei|di|gung, die Beleidigungen
bel|len
be|loh|nen
be|mer|ken
be|nach|bart
be|nach|rich|ti|gen
das Be|neh|men
sich be|neh|men, er benimmt sich, er benahm sich, er hat sich benommen
be|nei|den
der Ben|gel, die Bengel
be|no|ten
be|nut|zen, du benutzt
das Ben|zin
be|ob|ach|ten
be|quem
be|rau|ben
be|reit
be|reits
be|reu|en
der Berg, die Berge

ber|gig
Ber|lin
der Be|richt, die Berichte
be|rich|ten

be|rück|sich|ti|gen

der **Be|ruf**, die Berufe

be|ru|hi|gen

be|rühmt

be|schä|di|gen

be|schäf|ti|gen

be|schat|ten

Be|scheid sa|gen, er sagt Bescheid

be|schei|den

be|schen|ken

be|sche|ren

be|schimp|fen

be|schlie|ßen, er beschloss, er hat be-schlossen

der **Be|schluss**, die Be-schlüsse

be|schmie|ren

be|schmut|zen

be|schrän|ken

be|schrei|ben

die **Be|schrei|bung**, die Beschreibungen

be|schüt|zen

be|setzt

be|sich|ti|gen

der **Be|sitz**

be|sit|zen, er besaß, er hat besessen

be|son|ders

be|sor|gen

besser → gut

be|stäl|ti|gen

be|stau|nen

das **Be|steck**, die Bestecke

be|ste|hen

am **bes|ten** → gut

bes|tens

Achte auf Groß- und Kleinschreibung:
Das finde ich *am besten.*
Das ist *das Beste*
für mich.
Marc ist *der Beste*
in der Klasse.

be|stim|men

be|stimmt

der **Be|such**, die Besuche

be|su|chen

der **Be|ton**

be|to|nen

der **Be|trag**, die Beträge

sich be|tra|gen, sie beträgt sich, sie betrug sich, sie hat sich betragen

be|trü|gen, er betrog, er hat betrogen

das **Bett**, die Betten

bet|teln

der **Bett|ler**, die Bettler

be|un|ru|hi|gen

die **Beu|le**

der **Beu|tel**, die Beutel

die **Be|völ|ke|rung**, die Bevölkerungen

be|vor

be|we|gen

der **Be|weis**, die Beweise

Aa
Bb
Cc
Dd
Ee
Ff
Gg
Hh
Ii
Jj
Kk
Ll
Mm
Nn
Oo
Pp
Qq
Rr
Ss
Tt
Uu
Vv
Ww
Xx
Yy
Zz

A a
B b
C c
D d
E e
F f
G g
H h
I i
J j
K k
L l
M m
N n
O o
P p
Q q
R r
S s
T t
U u
V v
W w
X x
Y y
Z z

be|wei|sen, sie bewies, sie hat bewiesen
be|woh|nen
der Be|woh|ner, die Bewohner
die Be|woh|ne|rin, die Bewohnerinnen
be|wölkt
be|zah|len
die Be|zie|hung, die Beziehungen
der Be|zirk, die Bezirke
die Bi|bel, die Bibeln
die Bib|lio|thek, Bi|blio|thek, die Bibliotheken
der Bib|lio|the|kar, Bi|blio|the|kar, die Bibliothekare
bie|gen
die Bie|ne, die Bienen
das Bier, die Biere
das Biest, die Biester
bie|ten, er bot, er hat geboten
der Bi|ki|ni, die Bikinis
das Bild, die Bilder
die Bil|dung
bil|lig
ich bin → sein
bin|den, sie band, sie hat gebunden
der Bin|de|strich, die Bindestriche
die Bio|lo|gie

die Bir|ne, die Birnen
bis
bis|her
er biss → beißen
der Biss, die Bisse
biss|chen
bis|sig
du bist → sein
bit|ten
bit|ter
bla|mie|ren
blank
bla|sen
blass
das Blatt, die Blätter
blät|tern
blau
blau|äu|gig
das Blau|licht, die Blaulichter
das Blech, die Bleche
das Blei
blei|ben, du bliebst, du bist geblieben
bleich
der Blei|stift, die Bleistifte
der Blick, die Blicke
bli|cken
blind
der Blind|darm, die Blinddärme
der Blin|de, die Blinden
der Blin|ker, die Blinker

blin|zeln
der **Blitz**, die Blitze
blit|zen
der **Block**, die Blöcke
blöd
der **Blöd|sinn**
blond
bloß
blub|bern
blü|hen
die **Blu|me**, die Blumen

> Es gibt viele verschiedene Arten von Blumen, die oft recht komplizierte Namen haben: *die Aster, der Krokus, die Lilie, die Narzisse, die Nelke, die Rose, das Veilchen, das Vergissmeinnicht …*

der **Blu|men|strauß**, die Blumensträuße
die **Blu|se**, die Blusen
das **Blut**
blu|ten
blu|tig
die **Blü|te**, die Blüten
bo|ckig
der **Bo|den**, die Böden
der **Bo|gen**, die Bögen auch: die Bogen
boh|ren

die **Bom|be**, die Bomben
das **Bon|bon**, die Bonbons
das **Boot**, die Boote
bö|se
er **bot** → bieten
bo|xen, du boxt
der **Bo|xer**, die Boxer
er **brach|te** → bringen
der **Brand**, die Brände
Bran|den|burg
bra|ten, er brät, er briet, er hat gebraten
der **Brauch**, die Bräuche
brau|chen
braun
die **Braut**, die Bräute
der **Bräu|ti|gam**, die Bräutigame
brav
bra|vo
der **Bra|vo|ruf**, die Bravorufe
bre|chen, es bricht, es brach, es ist gebrochen
breit
Bre|men
die **Brem|se**, die Bremsen
brem|sen
bren|nen, es brannte, es hat gebrannt
die **Brenn|nes|sel**, die Brennnesseln
brenz|lich
das **Brett**, die Bretter
die **Bre|ze**, auch: die Brezel, die Brezen

der **Brief**, die Briefe

der **Brief|kas|ten**, die Brief-
kästen

der **Bril|lant**, die Brillanten

die **Bril|le**, die Brillen

brin|gen, er brachte, er
hat gebracht

bri|tisch

der **Bro|cken**, die Brocken

das **Brot**, die Brote

der **Bruch**, die Brüche

die **Brü|cke**, die Brücken

der **Bru|der**, die Brüder

brül|len

brum|men

der **Brun|nen**, die Brunnen

die **Brust**, die Brüste

bru|tal

brü|ten

der **Bub**, auch: der Bube,
die Buben

das **Buch**, die Bücher

die **Bü|che|rei**, die Büche-
reien

die **Büch|se**, die Büchsen

der **Buch|sta|be**,
die Buchstaben

der **Bu|ckel**, die Buckel

bu|cke|lig, auch: bucklig

sich **bü|cken**, ich bücke
mich

die **Bu|de**, die Buden

bü|geln

die **Büh|ne**, die Bühnen

der **Bun|des|kanz|ler**,
die Bundeskanzler

die **Bun|des|li|ga**

die **Bun|des|re|pu|blik**

bunt

der **Bunt|stift**, die Buntstifte

der **Bür|ger**, die Bürger

der **Bür|ger|meis|ter**,
die Bürgermeister

das **Bü|ro**, die Büros

bürs|ten

der **Bus**, die Busse

der **Busch**, die Büsche

der **Bü|schel**, die Büschel

die **But|ter**

das **Byte**, die Bytes

das **Ca|fé**, die **Cafés**

die **Ca|fe|te|ria**, die Cafeterias, auch: die Cafeterien

cam|pen, er campt

der **Cam|ping|platz**, die Campingplätze

die **CD**, die CDs

der **CD-Play|er**, die CD-Player

die **CD-ROM**, die CD-ROMs

Cel|si|us, kurz: C

der **Cent**, die Cent

das **Cen|ter**, die Center

das **Cha|mä|le|on**, die Chamäleons

der **Cham|pig|non**, **Cham|pi|gnon**, die Champignons

der **Cham|pi|on** (Gewinner), die Champions

die **Chan|ce**, die Chancen

das **Cha|os**

cha|o|tisch

der **Cha|rak|ter**, die Charaktere

cha|rak|te|ris|tisch

die **Charts**

der **Chef**, die Chefs

die **Che|mie**

che|misch

chic

Chi|na

chi|ne|sisch

der **Chip**, die Chips

der **Chi|rurg**, die Chirurgen

der **Chor**, die Chöre

der **Christ**, die Christen

die **Chris|tin**, die Christinnen

der **Christ|baum**, die Christbäume

Aa
Bb
Cc
Dd
Ee
Ff
Gg
Hh
Ii
Jj
Kk
Ll
Mm
Nn
Oo
Pp
Qq
Rr
Ss
Tt
Uu
Vv
Ww
Xx
Yy
Zz

christ|lich
cle|ver
der   **Clown**, die Clowns

der   **Co|mic**, die Comics
der   **Com|pu|ter**,
    die Computer

> Wörter mit dem Anfangs-
> buchstaben *C* werden
> nicht immer gleich aus-
> gesprochen. So hörst du bei
> *Computer* am Anfang ein *K,*
> bei *Cent* jedoch ein *S.*
> Du musst dir die Art
> der Aussprache jeweils
> genau einprägen.

der   **Con|tai|ner**, die Con-
    tainer
    cont|ra, con|tra, auch:
    kontra

cool
die   **Corn|flakes**
die   **Couch**, die Couchs,
    auch: die Couchen
der   **Couch|tisch**, die
    Couchtische
der/das   **Count|down**, auch:
    der/das Count-down, die
    Countdowns
der   **Cou|sin**, die Cousins
die   **Cou|si|ne**, auch:
    die Kusine, die Cousinen
der   **Cow|boy**, die Cowboys
der   **Cow|boy|hut**, die Cow-
    boyhüte
der   **Cra|cker**, die Cracker,
    auch: die Crackers
die   **Creme**, auch: die Kreme,
    auch: die Krem, die
    Cremes, die Kremes, die
    Krems

    cre|mig, auch: kremig
das   **Crois|sant**, die
    Croissants
der   **Cur|ry**, auch: das Curry,
    die Currys
die   **Cur|ry|wurst**, die Curry-
    würste
der   **Cur|sor**, die Cursors

Aa
Bb
Cc
Dd
Ee
Ff
Gg
Hh
Ii
Jj
Kk
Ll
Mm
Nn
Oo
Pp
Qq
Rr
Ss
Tt
Uu
Vv
Ww
Xx
Yy
Zz

da
da|bei
das **Dach**, die Dächer
ich **dach|te** → denken
der **Da|ckel**, die Dackel
da|durch
da|für
da|ge|gen
da|heim
da|her
da|hin
da|hin|ter
da|mals
die **Da|me**, die Damen
da|mit
däm|lich
der **Damm**, die Dämme
däm|mern
der **Dampf**, die Dämpfe
da|nach
da|ne|ben
Dä|ne|mark
dä|nisch
der **Dank**

die **Dank|bar|keit**
das **Dan|ke|schön**
dan|ken
dann
da|ran, dar|an
da|rauf, dar|auf
da|raus, dar|aus
da|rin, dar|in
der **Darm**, die Därme
du **darfst** → dürfen
da|rü|ber, dar|ü|ber
da|rum, dar|um
da|run|ter, dar|un|ter
das

Das Wort *das* kommt, genau wie *der* und *die*, in diesem Wörterverzeichnis sehr oft vor – es steht bei ganz vielen Namenwörtern; man kann auch sagen, es begleitet diese (z. B. *das Auto*). Man nennt diese Wörter daher auch *Begleiter* oder *Artikel*.

Aa
Bb
Cc
Dd
Ee
Ff
Gg
Hh
Ii
Jj
Kk
Ll
Mm
Nn
Oo
Pp
Qq
Rr
Ss
Tt
Uu
Vv
Ww
Xx
Yy
Zz

da sein, er war da,
er ist da gewesen → sein
dass
das|sel|be
der **Da|tiv**, die Dative
das **Da|tum**, die Daten
der **Dau|er|lauf**, die Dauer-
läufe
dau|ernd
der **Dau|men**, die Daumen
da|von
da|vor
da|zu
da|zwi|schen
die **De|cke**, die Decken

der **De|ckel**, die Deckel
de|fekt
def|tig
deh|nen
der **Deich**, die Deiche
dein, deine, deiner
der **Del|fin**, auch: der Del-
phin, die Delfine
dem|nächst
die **De|mo|kra|tie**,
die Demokratien
die **De|mons|tra|ti|on**,
die Demonstrationen
de|mü|tig

den|ken, ich dachte, ich
habe gedacht
das **Denk|mal**,
die Denk-
mäler
denn
den|noch
der
deut|lich
deutsch

> Bei dem Wort *deutsch* musst
> du genau auf die Groß- und
> Kleinschreibung achten: Ich
> spreche *deutsch*. Sage diesen
> Satz doch mal *auf Deutsch*.
> Das Schulfach *Deutsch*.

Deutsch|land
der **De|zem|ber**
das **Dia**, die Dias
der **Di|a|lekt**, die Dialekte
die **Di|ät**, die Diäten
dich
dicht
der **Dich|ter**, die Dichter
dick
das **Di|ckicht**, die Dickichte
die
der **Dieb**, die Diebe
der **Dieb|stahl**, die Dieb-
stähle
die|nen
der **Die|ner**, die Diener
der **Dienst**, die Dienste
der **Diens|tag**, die Dienstage

diens|tags
dies
der Die|sel
dies|mal
die Dif|fe|renz, die Differenzen
das Dik|tat, die Diktate
das Ding, die Dinge
dir
di|rekt
der Di|rek|tor, die Direktoren
der Di|ri|gent, die Dirigenten
die Dis|ket|te, die Disketten
die Dis|ko|thek, die Diskotheken
die Dis|kus|si|on, die Diskussionen
dis|ku|tie|ren
di|vi|die|ren
die Di|vi|si|on, die Divisionen
doch
der Dok|tor, die Doktoren
der Dol|lar, die Dollars
der Dol|met|scher, die Dolmetscher
der Dom, die Dome
das Do|mi|no, die Dominos
der Domp|teur, die Dompteure
der Don|ner, die Donner
don|nern
der Don|ners|tag, die Donnerstage

Wenn du die Wochentage mit anderen Wörtern kombinierst, dann musst du gut auf die Schreibung achten: *am Donnerstag, am Donnerstagabend, eines Donnerstags.*

der Dop|pel|punkt, die Doppelpunkte
dop|pelt
das Dorf, die Dörfer
der Dorn, die Dornen
dor|nig
dort
die Do|se, die Dosen
der Dra|che, die Drachen (aus dem Märchen)
der Dra|chen, die Drachen (an der Schnur)
der Draht, die Drähte
dran
drän|geln
drän|gen
drau|ßen
der Dreck
dre|ckig
dre|hen
drei

Das Wort *drei* schreibt man, wie alle Zahlwörter, fast immer klein. Eine Ausnahme ist z.B.: *Ich habe eine Drei in Mathe.*

Aa
Bb
Cc
Dd
Ee
Ff
Gg
Hh
Ii
Jj
Kk
Ll
Mm
Nn
Oo
Pp
Qq
Rr
Ss
Tt
Uu
Vv
Ww
Xx
Yy
Zz

Aa
Bb
Cc
Dd
Ee
Ff
Gg
Hh
Ii
Jj
Kk
Ll
Mm
Nn
Oo
Pp
Qq
Rr
Ss
Tt
Uu
Vv
Ww
Xx
Yy
Zz

drei|ßig
dres|sie|ren
der **Dril|ling**, die Drillinge
drin|gend
drit|teln
drit|tens
dro|hen
dröh|nen
drol|lig
das **Dro|me|dar**, die Drome-
dare

der **Druck**, die Drucke
der **Drü|cke|ber|ger**, die
Drückeberger
drü|cken
die **Drü|se**, die Drüsen
du
du|cken
das **Du|ett**, die Duette
der **Duft**, die Düfte
duf|te
dul|den
dumm, dümmer, am
dümmsten
die **Dumm|heit**, die Dumm-
heiten
dün|gen
dun|kel
dünn
der **Dunst**, die Dünste
das **Duo**, die Duos

durch
durch|aus
das **Durch|ei|nan|der**,
Durch|ein|an|der
durch|ei|nan|der,
durch|ein|an|der
der **Durch|fall**, die Durch-
fälle
durch|fallen, er fällt
durch → fallen
durch|flie|ßen, es floss
durch, es ist durchge-
flossen
durch|hal|ten, sie hielt
durch, sie hat durchge-
halten
durch|set|zen, ich
setze durch
durch|sich|tig
dür|fen, du darfst, du
durftest, du hast gedurft
dürr
die **Dür|re**, die Dürren
der **Durst**

> Am Beispiel von *Durst*
> kannst du sehen, dass man
> von manchen Wörtern keine
> Mehrzahl bilden kann.

durs|tig
du|schen
düs|ter
das **Dut|zend**, Dutzende
du|zen
der **Dy|na|mo**, die Dynamos

die	**Eb|be**, die Ebben
	eben (flach)
	eben|so
das	**Echo**, die Echos
	echt
die	**Ecke**, die Ecken
	eckig
	edel
	egal
	ego|is|tisch
	ehe
die	**Ehe**, die Ehen
	eher
die	**Eh|re**, die Ehren
die	**Eh|ren|ur|kun|de**, die Ehrenurkunden
das	**Eh|ren|wort**, die Ehren- worte
	ehr|gei|zig
	ehr|lich
das	**Ei**, die Eier
die	**Ei|dech|se**, die Eidechsen
die	**Ei|fer|sucht**

	ei|fer|süch|tig
	ei|gen|ar|tig
die	**Ei|gen|schaft**, die Eigenschaften
	ei|gent|lich
	ei|len
der	**Ei|mer**, die Eimer
	ein, eine, einer, eines
die	**Ein|bahn|stra|ße**, die Einbahnstraßen
der	**Ein|band**, die Einbände
sich	**ein|bil|den**, du bildest dir ein
	ein|bre|chen, sie bricht ein → brechen
	ein|deu|tig
	ein|fach
der	**Ein|fall**, die Einfälle
der	**Ein|fluss**, die Einflüsse
der	**Ein|gang**, die Eingänge
	ein|ge|bil|det
	ein|grei|fen, sie griffen ein, sie haben eingegriffen

Aa
Bb
Cc
Dd
Ee
Ff
Gg
Hh
Ii
Jj
Kk
Ll
Mm
Nn
Oo
Pp
Qq
Rr
Ss
Tt
Uu
Vv
Ww
Xx
Yy
Zz

der **Ein|kauf**, die Einkäufe
ein|kau|fen
ein|la|den, du lädst ein,
du ludst ein, du hast ein-
geladen
ein|mal
das **Ein|mal|eins**
sich **ein|prä|gen**, du prägst
dir ein
eins
ein|sam
die **Ein|sam|keit**
ein|schla|fen, er schläft
ein → schlafen
ein|se|hen, du siehst ein
→ sehen
ein|sei|tig
die **Ein|sicht**, die Einsichten
ein|sil|big
ein|stim|mig
der **Ein|tritt**, die Eintritte
das **Ein|ver|ständ|nis**,
die Einverständnisse
der **Ein|wand**, die Einwände
ein|wärts
ein|wi|ckeln, du wi-
ckelst ein
der **Ein|woh|ner**, die Ein-
wohner
die **Ein|zahl**
ein|zeln
ein|zig
ein|zig|ar|tig
das **Eis**
der **Eis|wür|fel**,
die Eiswürfel

das **Ei|sen**, die Eisen
die **Ei|sen|bahn**,
die Eisenbahnen
ei|tel
der **Ei|ter**
der **Ekel**
ek|lig, auch: ekelig
der **Ele|fant**, die Elefanten

ele|gant
elekt|risch, **elek|trisch**
die **Elekt|ro|nik**,
Elek|tro|nik
elend
elf
die **El|fe**, die Elfen
der **Ell|bo|gen**, auch:
der Ellenbogen, die Ell-
bogen
die **El|tern**

> Wie du am Beispiel *Eltern*
> sehen kannst, gibt es
> Namenwörter, die nur in der
> Mehrzahl stehen. Weitere
> Beispiele: *die Leute, die
> Ferien, die Geschwister.*

emp|feh|len, sie emp-
fiehlt, sie empfahl, sie hat
empfohlen
emp|fin|den, er emp-
fand, er hat empfunden
emp|find|lich
em|pört
em|sig

das **En|de**, die Enden
end|gül|tig
end|lich

die **Ener|gie**,
die Energien
ener|gisch
eng

der **En|gel**,
die Engel
Eng|land
eng|lisch

der **En|kel**, die Enkel
enorm
ent|de|cken

die **Ent|de|ckung**, die Ent-
deckungen

die **En|te**, die Enten

ent|fer|nen

die **Ent|fer|nung**, die Ent-
fernungen
ent|füh|ren
ent|ge|gen

ent|kom|men, er ent-
kam, er ist entkommen
ent|lang
ent|las|sen, sie entlässt,
sie entließ, sie hat ent-
lassen
ent|lau|fen, er entlief,
er ist entlaufen
ent|rüm|peln

sich **ent|schei|den**, sie ent-
schieden sich, sie haben
sich entschieden

sich **ent|schlie|ßen**, ich
entschließe mich
→ schließen

> Nach kurzem Selbstlaut
> schreibt man Doppel-*s*: *ent-*
> *schloss*, aber: *entschließen*.

der **Ent|schluss**,
die Entschlüsse

sich **ent|schul|di|gen** (für/
wegen etwas)

die **Ent|schul|di|gung**,
die Entschuldigungen
ent|setz|lich
ent|täuscht

die **Ent|täu|schung**, die
Enttäuschungen
ent|we|der (... oder)
ent|wi|ckeln

die **Ent|wick|lung**, die Ent-
wicklungen
er

der **Er|be**, die Erben

Aa
Bb
Cc
Dd
Ee
Ff
Gg
Hh
Ii
Jj
Kk
Ll
Mm
Nn
Oo
Pp
Qq
Rr
Ss
Tt
Uu
Vv
Ww
Xx
Yy
Zz

A a
B b
C c
D d
E e
F f
G g
H h
I i
J j
K k
L l
M m
N n
O o
P p
Q q
R r
S s
T t
U u
V v
W w
X x
Y y
Z z

er|beu|ten
die **Erb|se**, die Erbsen
die **Erd|bee|re**,
die Erdbeeren
die **Er|de**
das **Er|eig|nis**, die
Ereignisse
er|fah|ren, du erfährst,
du erfuhrst, du hast er-
fahren
die **Er|fah|rung**, die Erfah-
rungen
er|fin|den, er erfand, er
hat erfunden
der **Er|folg**, die Erfolge
er|folg|reich
er|for|schen
er|freu|lich
er|frie|ren → frieren
er|gän|zen
das **Er|geb|nis**, die Ergeb-
nisse
er|hal|ten, er erhielt,
er hat erhalten
sich **er|ho|len**, er erholt
sich
sich **er|in|nern**, du
erinnerst dich
die **Er|käl|tung**,
die Erkältungen
er|ken|nen,
er erkannte, er
hat erkannt
er|klä|ren
er|lau|ben
die **Er|laub|nis**

er|le|ben
das **Er|leb|nis**, die Erlebnisse
er|le|di|gen
er|leich|tert
er|näh|ren
der **Ernst**
ernst
die **Ern|te**, die Ernten
das **Ern|te|dank|fest**
der **Er|pres|ser**, die Erpres-
ser
er|rei|chen
der **Er|satz**
er|schöpft
er|schre|cken, du er-
schrickst, du erschrakst,
du bist erschrocken

Du kannst allerdings nicht
nur selbst erschrecken, du
kannst auch einen anderen
erschrecken, dann heißen
die Formen: *du erschreckst
jemanden, du erschrecktest
jemanden, du hast jeman-
den erschreckt.*

erst
er|sti|cken
erst|klas|sig
er|wach|sen
der/ **Er|wach|se|ne**, die
die Erwachsenen
er|war|ten
die **Er|war|tung**, die Erwar-
tungen

er|wil|dern
er|zäh|len
die **Er|zäh|lung**, die Erzäh-
lungen
er|zie|hen
der **Er|zie|her**, die Erzieher
die **Er|zie|hung**
es
der **Esel**, die Esel

der **Es|ki|mo**, die Eskimos
ess|bar
das **Es|sen**
es|sen, er isst, er aß, er
hat gegessen

> Das Wort *essen* hat viele
> unterschiedliche Formen,
> die du dir gut einprägen
> musst: *ich esse, du isst,*
> *er/sie/es isst, wir essen,*
> *ihr esst, sie essen; ich aß,*
> *du aß(es)t, er/sie/es aß,*
> *wir aßen, ihr aß(e)t,*
> *sie aßen.*

der **Es|sig**
die **Eta|ge**, die Etagen
et|wa

et|was
euch
eu|er, eure, auch: euere

> Beispiele: *euer Vater,*
> *eure Mutter, euer Hund ...*

die **Eu|le**, die Eulen
eu|ret|we|gen
der **Eu|ro**,
die Euro
Eu|ro|pa
eu|ro|pä|isch
das **Eu|ter**, auch: der Euter,
die Euter
evan|ge|lisch
even|tu|ell
ewig
die **Ewig|keit**, die Ewig-
keiten
ex|akt
das **Ex|emp|lar**, **Ex|em|plar**,
die Exemplare
das **Ex|il**, die Exile
ex|klu|siv
die **Ex|kur|si|on**,
die Exkursionen
exo|tisch
das **Ex|pe|ri|ment**, die Ex-
perimente
ex|pe|ri|men|tie|ren
ex|plo|die|ren
ex|tra
die **Ex|tra|wurst**, die Extra-
würste
ex|trem

Aa
Bb
Cc
Dd
Ee
Ff
Gg
Hh
Ii
Jj
Kk
Ll
Mm
Nn
Oo
Pp
Qq
Rr
Ss
Tt
Uu
Vv
Ww
Xx
Yy
Zz

Aa
Bb
Cc
Dd
Ee
Ff
Gg
Hh
Ii
Jj
Kk
Ll
Mm
Nn
Oo
Pp
Qq
Rr
Ss
Tt
Uu
Vv
Ww
Xx
Yy
Zz

die **Fa|bel**, die Fabeln
die **Fa|brik**, **Fab|rik**, die Fabriken
das **Fach**, die Fächer
der **Fa|den**, die Fäden
die **Fä|hig|keit**, die Fähigkeiten
die **Fäh|re**, die Fähren
fah|ren

> Das Wort *fahren* hat vor allem in der 1. Vergangenheit ein paar schwierige Formen:
> *ich fahre → fuhr*
> *du fährst → fuhrst*
> *er/sie/es fährt → fuhr*
> *wir fahren → fuhren*
> *ihr fahrt → fuhrt*
> *sie fahren → fuhren*
> 2. Vergangenheit:
> *ich bin gefahren …*

der **Fah|rer**, die Fahrer
das **Fahr|rad**, die Fahrräder

die **Fahrt**, die Fahrten
fair
der **Fall**, die Fälle
die **Fal|le**, die Fallen
fal|len, du fällst, du fielst, du bist gefallen
falls
falsch
fäl|schen
die **Fäl|schung**, die Fäl-schungen
die **Fal|te**, die Falten
fal|ten
die **Fa|mi|lie**, die Familien
fa|mos
der **Fan**, die Fans
fa|na|tisch
sie **fand** → finden
fan|gen, sie fängt, sie fing, sie hat gefangen
die **Fan|ta|sie**, auch: die Phantasie, die Fantasien

fan|tas|tisch, auch:
phantastisch
die **Far|be**, die Farben
fär|ben
far|big
der **Fa|sching**
die **Fa|ser**, die Fasern
fas|rig
das **Fass**, die Fässer
die **Fas|sa|de**, die Fassaden
fas|sen
fas|sungs|los
fast
fas|ten
das **Fast|food**, auch: Fast Food
die **Fast|nacht**
faul
fau|len|zen
die **Fäul|nis**
die **Faust**, die Fäuste
der **Fa|vo|rit**, die Favoriten
die **Fa|xen**

> Ralf soll nicht immer solche *Faxen machen.*

das **Fax|ge|rät**, die Faxgeräte
der **Feb|ru|ar**, **Fe|bru|ar**
die **Fe|der**, die Federn
das **Fe|der|mäpp|chen**, die Federmäppchen
die **Fee**, die Feen

fe|gen
feh|len
der **Feh|ler**, die Fehler
feh|ler|frei
feh|ler|los
die **Fei|er**, die Feiern
fei|er|lich
fei|ern
der **Fei|er|tag**, die Feiertage
fei|ge
der **Feig|ling**, die Feiglinge
die **Fei|le**, die Feilen
fei|len
fein
der **Feind**, die Feinde
feind|lich
die **Feind|schaft**, die Feindschaften
feind|se|lig
fei|xen
das **Feld**, die Felder
die **Fel|ge**, die Felgen
das **Fell**, die Felle
der **Fels**, auch: der Felsen, die Felsen
fel|sig
das **Fens|ter**, die Fenster

> Einige Namenwörter haben in der Mehrzahl dieselbe Form wie in der Einzahl. Du kannst also nur am Begleiter erkennen, ob zum Beispiel *ein Fenster* oder *mehrere (die) Fenster* gemeint sind.

69

Aa
Bb
Cc
Dd
Ee
Ff
Gg
Hh
Ii
Jj
Kk
Ll
Mm
Nn
Oo
Pp
Qq
Rr
Ss
Tt
Uu
Vv
Ww
Xx
Yy
Zz

die **Fe|ri|en**

das **Fer|kel**, die Ferkel

fern

das **Fern|be|die|nung**, die Fernbedienungen

die **Fer|ne**

das **Fern|glas**, die Fern-gläser

fern|se|hen, er sah fern, er hat ferngesehen

der **Fern|se|her**

die **Fern|sicht**

das **Fern|weh**

die **Fer|se**, die Fersen

fer|tig

die **Fer|tig|keit**, die Fertig-keiten

fesch

die **Fes|sel**, die Fesseln

fest

das **Fest**, die Feste

fest|bin|den, er band fest, er hat festgebunden

fest|hal|ten, sie hielt fest, sie hat festgehalten

das **Fes|ti|val**, die Festivals

fest|stel|len, er stellt fest

fett

das **Fett**, die Fette

fet|tig

der **Fet|zen**, die Fetzen

feucht

die **Feuch|tig|keit**

das **Feu|er**, die Feuer

die **Feu|er|wehr**

feu|rig

die **Fi|bel**, die Fibeln

die **Fich|te**, die Fichten

das **Fie|ber**

fies

die **Fi|gur**, die Figuren

der **Film**, die Filme

der **Fil|ter**, die Filter

der **Filz**, die Filze

der **Filz|stift**, die Filzstifte

fi|nan|zie|ren

fin|den, sie fand, sie hat gefunden

sie **fing** → fangen

der **Fin|ger**, die Finger

fin|nisch

Finn|land

fins|ter

die **Fir|ma**, die Firmen

die **Fir|mung**, die Firmungen

der **Fisch**, die Fische

fisch|äu|gig

fi|schen

fit, fitter, am fittesten

die **Fit|ness**

fix

der **Fjord**, die Fjorde

flach

die **Flä|che**, die Flächen

der **Fla|den**, die Fladen

die **Flag|ge**, die Flaggen

der **Fla|min|go**, die Flamin-gos

die	**Flam|me**, die Flammen
die	**Fla|sche**, die Flaschen
	flat|tern
	flau
der	**Flaum**
	flau|schig
	flech|ten

> Monika *flicht/flechtet* ihrer Schwester gerade einen Zopf. Gestern *flocht* sie sich die Haare. Sie *hat* sich einen langen Zopf *geflochten.*

der	**Fleck**, die Flecke, auch: die Flecken
	fle|ckig
die	**Fle|der|maus**, die Fledermäuse
der	**Fleiß**
	flei|ßig
	fli|cken
der	**Flick|flack**, die Flickflacks
der	**Flie|der**, die Flieder
die	**Flie|ge**, die Fliegen
	flie|gen, er flog, er ist geflogen
	flie|hen, sie floh, sie ist geflohen
das	**Fließ|band**, die Fließbänder
	flie|ßen, es floss, es ist geflossen

	flie|ßend
	flim|mern
	flink
der	**Flip|per**, die Flipper
	flit|zen
die	**Flo|cke**, die Flocken
	flo|ckig
er	**flog** → fliegen
sie	**floh** → fliehen
der	**Floh**, die Flöhe
der	**Floh|markt**, die Flohmärkte
das	**Floß**, die Flöße
es	**floss** → fließen
die	**Flos|se**, die Flossen
die	**Flö|te**, die Flöten
der	**Fluch**, die Flüche
	flu|chen
die	**Flucht**, die Fluchten
	flüch|ten
	flüch|tig
der	**Flug**, die Flüge
der	**Flü|gel**, die Flügel
	flüg|ge
	flugs
das	**Flug|zeug**, die Flugzeuge
	flun|kern

> Wenn jemand sagt: *Ich glaube, Peter flunkert ein wenig,* dann meint er, dass Peter nicht ganz die Wahrheit spricht.

Aa
Bb
Cc
Dd
Ee
Ff
Gg
Hh
Ii
Jj
Kk
Ll
Mm
Nn
Oo
Pp
Qq
Rr
Ss
Tt
Uu
Vv
Ww
Xx
Yy
Zz

Aa
Bb
Cc
Dd
Ee
Ff
Gg
Hh
Ii
Jj
Kk
Ll
Mm
Nn
Oo
Pp
Qq
Rr
Ss
Tt
Uu
Vv
Ww
Xx
Yy
Zz

der **Flur**, die Flure
der **Fluss**, die Flüsse
flüs|sig
die **Flüs|sig|keit**, die Flüs-
sigkeiten
flüs|tern
die **Flut**, die Fluten
das **Foh|len**, die Fohlen

der **Föhn**, die Föhne
föh|nen
die **Fol|ge**, die Folgen
fol|gen
fol|gen|schwer
die **Fo|lie**, die Folien
fop|pen
for|dern
för|dern
die **Fo|rel|le**, die Forellen
die **Form**, die Formen
for|men
förm|lich
forsch
for|schen
der **Förs|ter**, die Förster
fort
der **Fort|schritt**, die Fort-
schritte
fort|schritt|lich

das **Fo|to**, die Fotos
der **Fo|to|graf**, die Foto-
grafen
das **Foul**, die Fouls
fou|len
die **Fracht**, die Frachten
der **Frach|ter**, die Frachter
die **Fra|ge**, die Fragen
fra|gen
das **Fra|ge|zei|chen**, die
Fragezeichen
Frank|reich
fran|zö|sisch
er **fraß** → fressen
der **Fraß**
die **Frat|ze**, die Fratzen
die **Frau**, die Frauen
frech
die **Frech|heit**, die Frech-
heiten
frei
frei|hän|dig

die **Frei|heit**, die Freiheiten
frei|lich
der **Frei|tag**, die Freitage
frei|tags

frei|wil|lig
fremd
der Frem|de, die Fremden
fres|sen, er frisst, er fraß
er hat gefressen
die Freu|de, die Freuden
freu|dig
der Freund, die Freunde
der Frie|den
der Fried|hof, die Friedhöfe
fried|lich
frie|ren, er fror, er hat
gefroren
frisch
fri|sie|ren
der Fri|sör, auch: der Friseur,
die Frisöre
die Fri|sö|rin, auch: die Fri-
seurin, Frisöse, Friseuse,
die Frisörinnen
froh
fröh|lich
die Fröh|lich|keit
fromm
er fror → frieren
der Frosch,
die Frösche
der Frost, die Fröste
die Frucht, die Früchte
frucht|bar
fruch|tig
früh
frü|hes|tens
der Früh|ling
das Früh|stück
früh|stü|cken

der Fuchs, die Füchse
füh|len
ich fuhr → fahren
die Fuh|re, die Fuhren
füh|ren
der Füh|rer|schein, die
Führerscheine
die Füh|rung, die Führungen
fül|len
der Fül|ler, die Füller
fünf
fünf|zig
für
die Furcht
furcht|bar
fürch|ten, du fürchtest
fürch|ter|lich
für|ei|nan|der,
für|ein|an|der
der Fürst, die Fürsten
das Für|wort, die Fürwörter
der Fuß, die Füße
der Fuß|ball, die Fußbälle
die Fus|sel, auch: der Fus-
sel, die Fusseln
der Fuß|gän|ger, die Fuß-
gänger
das Fut|ter
füt|tern

Aa
Bb
Cc
Dd
Ee
Ff
Gg
Hh
Ii
Jj
Kk
Ll
Mm
Nn
Oo
Pp
Qq
Rr
Ss
Tt
Uu
Vv
Ww
Xx
Yy
Zz

Aa
Bb
Cc
Dd
Ee
Ff
Gg
Hh
Ii
Jj
Kk
Ll
Mm
Nn
Oo
Pp
Qq
Rr
Ss
Tt
Uu
Vv
Ww
Xx
Yy
Zz

er **gab** → geben

die **Ga|bel**, die Gabeln

ga|ckern

gaf|fen

gäh|nen

ga|lop|pie|ren

es **galt** → gelten

der **Game|boy**, die Game-boys

gam|meln

der **Gang**, die Gänge

gän|gig

der **Gangs|ter**, die Gangster

der **Ga|no|ve**, die Ganoven

die **Gans**, die Gänse

ganz

gar

die **Ga|ra|ge**, die Garagen

die **Ga|ran|tie**, die Garan-tien

ga|ran|tiert

die **Gar|de|ro|be**, die Gar-deroben

die **Gar|di|ne**, die Gardinen

das **Garn**, die Garne

gar nicht

gars|tig

der **Gar|ten**, die Gärten

der **Gärt|ner**, die Gärtner

das **Gas**, die Gase

die **Gas|se**, die Gassen

der **Gast**, die Gäste

das **Gäs|te|zim|mer**, die Gästezimmer

die **Gau|di**

der **Gauk|ler**, die Gaukler

der **Gaul**, die Gäule

der **Gau|men**, die Gaumen

der **Gau|ner**, die Gauner

das **Ge|äst**

das **Ge|bäck**, die Gebäcke

ge|bä|ren

Sie *gebärt (gebiert)* Zwillinge. Sie *gebar* Zwillinge. Sie *hat* Zwillinge *geboren*. Mein Bruder *wurde* an einem Montag *geboren*.

ge .... ge ....

das **Ge|bäu|de**, die Gebäude
ge|ben, er gibt, er gab,
er hat gegeben
das **Ge|bet**, die Gebete
das **Ge|biet**, die Gebiete
ge|bil|det
das **Ge|bir|ge**, die Gebirge
das **Ge|biss**, die Gebisse
ge|blümt
das **Ge|bot**, die Gebote
ge|brau|chen
ge|braucht
ge|brech|lich
das **Ge|brüll**
die **Ge|burt**, die Geburten
der **Ge|burts|tag**,
die Geburts-
tage
das **Ge|dächt|nis**,
die Gedächtnisse
der **Ge|dan|ke**, die Gedan-
ken
das **Ge|dicht**, die Gedichte
die **Ge|duld**
ge|dul|dig
ge|eig|net
die **Ge|fahr**, die Gefahren
ge|fähr|den
ge|fähr|lich
der **Ge|fähr|te**, die Gefähr-
ten
ge|fal|len, sie gefällt
(mir), sie gefiel (mir), sie
hat (mir) gefallen
das **Ge|fäng|nis**, die Ge-
fängnisse

das **Ge|fäß**, die Gefäße
sie **gefiel** → gefallen
ge|fleckt
das **Ge|flü|gel**
ge|frä|ßig
ge|frie|ren

Das Wasser *gefror* in den Pfützen. Heute morgen *hat* es *gefroren*. Der Dorfweiher *ist* komplett *zugefroren*.

das **Ge|fühl**, die Gefühle
ge|fühl|voll
ge|gen
die **Ge|gend**, die Gegenden
ge|gen|ei|nan|der,
ge|gen|ein|an|der
ge|gen|sei|tig
der **Ge|gen|stand**, die Ge-
genstände
ge|gen|über
der **Geg|ner**, die Gegner
ge|heim
das **Ge|heim|nis**, die Ge-
heimnisse
ge|hen, er ging, er ist
gegangen

Diese Wörter kannst du anstelle von *gehen* verwenden: *sausen, rennen, flitzen, laufen, rasen, hasten, eilen, trampeln, watscheln, schlurfen, humpeln, bummeln, trödeln, schleichen ...*

75

Aa Bb Cc Dd Ee Ff Gg Hh Ii Jj Kk Ll Mm Nn Oo Pp Qq Rr Ss Tt Uu Vv Ww Xx Yy Zz

A a
B b
C c
D d
E e
F f
G g
H h
I i
J j
K k
L l
M m
N n
O o
P p
Q q
R r
S s
T t
U u
V v
W w
X x
Y y
Z z

das **Ge|het|ze**
das **Ge|hirn**, die Gehirne
das **Ge|hör**
    ge|hö|ren
    ge|hor|sam
der **Geh|weg**, die Gehwege
der **Geist**, die Geister
der **Geiz**
    gei|zig
das **Gel**, die Gele, auch: die Gels
das **Ge|läch|ter**
    ge|la|den
    ge|lähmt
das **Ge|län|de**, die Gelände
das **Ge|län|der**, die Geländer
    ge|launt

> Lisa ist heute *gut gelaunt*; gestern war sie dagegen *schlecht gelaunt*.

    gelb
das **Geld**, die Gelder
das **Ge|lee**, die Gelees
    ge|lehrt
    ge|len|kig
    ge|lin|gen, es gelang, es ist gelungen
    gel|ten, es gilt, es galt, es hat gegolten
    ge|mäch|lich
das **Ge|mel|cker**
    ge|mein
die **Ge|mein|de**, die Gemeinden

die **Ge|mein|heit**, die Gemeinheiten
das **Ge|mü|se**
    ge|müt|lich
    ge|nau
    ge|nau|so
die **Ge|ne|ra|ti|on**, die Generationen
    ge|ne|rell
    ge|ne|sen, er genas, er ist genesen
    ge|ni|al
das **Ge|nick**, die Genicke
    ge|nie|ßen, er genoss, er hat genossen
der **Ge|ni|tiv**, die Genitive
der **Ge|nos|se**, die Genossen
    ge|nug
    ge|nü|gen
    ge|nüg|sam
das **Ge|päck**
    ge|pflegt
das **Ge|pol|ter**
das **Ge|quas|sel**
das **Ge|quen|gel**
    ge|ra|de
    ge|ra|de|aus
das **Ge|rät**, die Geräte
das **Ge|räusch**, die Geräusche
    ge|recht
die **Ge|rech|tig|keit**
    ge|ring

ge .... ge ....

	ge|ris|sen		die	Ge|schwin|dig|keit, die Geschwindigkeiten

ge|ris|sen

gern, auch: gerne, lieber, am liebsten

der Ge|ruch, die Gerüche

das Ge|rücht, die Gerüchte

ge|rührt

das Ge|rüm|pel

ge|sal|zen

ge|samt

das Ge|schäft, die Geschäfte

ge|sche|hen, es geschieht, es geschah, es ist geschehen

das Ge|schenk, die Geschenke

die Ge|schich|te, die Geschichten

ge|schickt

das Geschirr

das Ge|schlecht, die Geschlechter

der Ge|schmack

Zusammengesetzte Begriffe mit dem Wort *Geschmack*: *Geschmacks*sache, *Geschmacks*richtung, *Geschmacks*sinn, *geschmack*voll, *geschmack*lich …

das Ge|schöpf, die Geschöpfe

ge|schwind

die Ge|schwin|dig|keit, die Geschwindigkeiten

die Ge|schwis|ter

ge|schwol|len

die Ge|sell|schaft, die Gesellschaften

das Ge|setz, die Gesetze

das Ge|sicht, die Gesichter

das Ge|spenst, die Gespenster

das Ge|spött

das Ge|spräch, die Gespräche

die Ge|stalt, die Gestalten

der Ge|stank

ge|ste|hen, sie gestand, sie hat gestanden

ges|tern

ge|streift

das Ge|strüpp, die Gestrüppe

ge|sund

die Ge|sund|heit

das Ge|tränk, die Getränke

ge|trennt

das Ge|wächs, die Gewächse

die Ge|walt, die Gewalten

ge|wal|tig

das Ge|wäs|ser, die Gewässer

das Ge|wehr, die Gewehre

das Ge|weih, die Geweihe

ge|we|sen → sein

das Ge|wicht, die Gewichte

der Ge|winn, die Gewinne

77

Aa

Bb

Cc

Dd

Ee

Ff

Gg

Hh

Ii

Jj

Kk

Ll

Mm

Nn

Oo

Pp

Qq

Rr

Ss

Tt

Uu

Vv

Ww

Xx

Yy

Zz

ge|win|nen, sie gewinnt, sie gewann, sie hat gewonnen

das Ge|wis|sen, die Gewissen

das Ge|wit|ter, die Gewitter

ge|witzt

ge|wöh|nen

ge|wöhn|lich

das Ge|wühl

das Ge|würz, die Gewürze

die Ge|zei|ten

gie|rig

gie|ßen, sie goss, sie hat gegossen

das Gift, die Gifte

gif|tig

es gilt → gelten

er ging → gehen

der Gip|fel, die Gipfel

gip|sen

die Gi|raf|fe, die Giraffen

die Gi|tar|re, die Gitarren

das Git|ter, die Gitter

der Glanz

glän|zen

das Glas, die Gläser

glatt

glau|ben

gläu|big

gleich

gleich|alt|rig

das Gleich|ge|wicht

gleich|gül|tig

gleich|mä|ßig

gleich|zei|tig

glit|schig

glit|zern

der Glo|bus, die Globusse, auch: die Globen

die Glo|cke, die Glocken

glot|zen

das Glück

glück|lich

glück|li|cher|wei|se

der Glück|wunsch, die Glückwünsche

glü|hen

die Glut, die Gluten

gnä|dig

das Gold

gol|den

gol|dig

der Gong, die Gongs

die Göre, auch: das Gör, die Gören

der Go|ril|la, die Gorillas

sie goss → gießen

die Gos|se, die Gossen

der Gott, die Götter

gra|ben

das Gramm, kurz: g

die Gram|ma|tik, die Grammatiken

gran|tig

die Grape|fruit, die Grapefruits

das **Gras**, die Gräser
gra|**sen**
gräss|**lich**
die **Grä**|**te**, die Gräten
gra|**tis**
die **Grät**|**sche**, die Grät-
schen
gra|**tu**|**lie**|**ren**
grau
grau|**sam**
die **Grau**|**sam**|**keit**, die
Grausamkeiten
grau|**sig**
grei|**fen**, er
griff, er hat
gegriffen
der **Greis**, die
Greise
grell
die **Gren**|**ze**, die
Grenzen
Grie|**chen**|**land**
grie|**chisch**
der **Grieß**
grieß|**grä**|**mig**
der **Griff**, die Griffe
er **griff** → greifen
der **Grill**, die Grills
die **Gril**|**le**, die Grillen
gril|**len**
die **Gri**|**mas**|**se**,
die Grimassen
grim|**mig**
grin|**sen**
die **Grip**|**pe**
grob, gröber, am gröbsten

groß, größer, am größ-
ten

Viele Verwandtschafts-
bezeichnungen werden mit-
hilfe des Eigenschaftswortes
groß gebildet: *Groß*mutter,
*Groß*vater, *Groß*tante,
*Groß*onkel, *Groß*eltern …

Groß|**bri**|**tan**|**ni**|**en**
grü|**beln**
grün
der **Grund**, die Gründe
gründ|**lich**
die **Grund**|**schu**|**le**, die
Grundschulen
grun|**zen**
die **Grup**|**pe**, die Gruppen
gru|**se**|**lig**
gru|**seln**
der **Gruß**, die Grüße
grü|**ßen**
gu|**cken**
die **Gül**|**le**
das **Gum**|**mi**, auch: der
Gummi, die Gummis
der **Gür**|**tel**, die Gürtel
die **Gur**|**ke**, die Gurken
gut, besser, am
besten
gut|**mü**|**tig**
das **Gym**|**na**|**si**|**um**, die
Gymnasien
die **Gym**|**nas**|**tik**
das **Gy**|**ros**

das **Haar**, die Haare
die **Haar|bürs|te**, die Haar-
bürsten
haar|scharf
haar|sträu|bend
ha|ben

> Gegenwart: *ich habe, du hast, er/sie/es hat, wir haben, ihr habt, sie haben.*
> 1. Vergangenheit: *ich hatte, du hattest, er/sie/es hatte, wir hatten, ihr hattet, sie hatten.*
> 2. Vergangenheit: *ich habe gehabt, du hast gehabt …*

hab|gie|rig
die **Ha|cke**, die Hacken
ha|cken
der **Ha|fen**, die Häfen
die **Haft**
haf|ten

der **Häft|ling**, die Häft-
linge
die **Ha|ge|but|te**, die Hage-
butten
der **Ha|gel**
ha|geln
ha|ger
der **Hahn**, die Hähne
der **Hai**, die Haie
der **Ha|ken**, die Haken
halb
er **half** → helfen
die **Hälf|te**, die Hälften
die **Hal|le**, die Hallen
der **Hals**, die Hälse
hal|ten, sie hält, sie hielt,
sie hat gehalten
die **Hal|te|stel|le**, die Halte-
stellen
die **Hal|tung**
Ham|burg
der **Ham|mer**,
die Hämmer
häm|mern

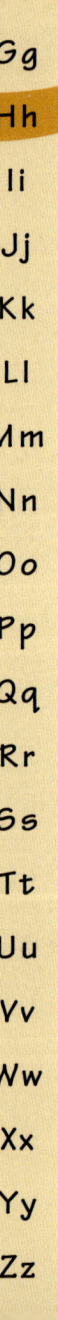

der **Hams|ter**, die Hamster
die **Hand**, die Hände
der **Han|del**
   han|deln
die **Hand|lung**,
   die Handlungen
der **Hand|schuh**, die
   Handschuhe
das **Hand|tuch**,
   die Handtücher
das **Hand|werk**
das **Han|dy**, die Handys
der **Hang**, die Hänge
   hän|gen, es hing/er
   hängte, es hat gehangen/
   er hat gehängt
   harm|los
   hart, härter, am härtes-
   ten
das **Harz**, die Harze
der **Ha|se**, die Hasen

> *-chen/-lein:* Durch diese
> Nachsilben „verkleinerst"
> du Namenwörter. Die
> Selbstlaute *a, o,* und *u*
> werden zu den Umlauten
> *ä, ö* und *ü.*
> *Hase → Häschen/Häslein*

der **Hass**
   häss|lich
du **hast** → haben
   has|ten
er **hat** → haben
sie **hat|te** → haben

   hau|en
der **Hau|fen**, die
   Haufen
   häu|fig
der **Häupt|ling**, die
   Häuptlinge
die **Haupt|sa|che**
   haupt|säch|lich
die **Haupt|stadt**,
   die Hauptstädte
das **Haus**, die Häuser
das **Haus|tier**, die Haustiere
die **Haut**, die Häute
die **Heb|am|me**, die Hebam-
   men
der **He|bel**, die Hebel
   he|ben, sie hob, sie hat
   gehoben
   he|cheln
   hech|ten
die **He|cke**, die Hecken
das **Heer**, die Heere
die **Hel|fe**
das **Heft**, die Hefte
   hef|ten
der **Hef|ter**, die Hefter
   hef|tig
   heil
   hei|len
   hei|lig
das **Heim**, die Heime
die **Hei|mat**
   heim|ge|hen, du gehst
   heim → gehen
   heim|lich
   heim|tü|ckisch

Aa
Bb
Cc
Dd
Ee
Ff
Gg
Hh
Ii
Jj
Kk
Ll
Mm
Nn
Oo
Pp
Qq
Rr
Ss
Tt
Uu
Vv
Ww
Xx
Yy
Zz

Aa
Bb
Cc
Dd
Ee
Ff
Gg
Hh
Ii
Jj
Kk
Ll
Mm
Nn
Oo
Pp
Qq
Rr
Ss
Tt
Uu
Vv
Ww
Xx
Yy
Zz

das **Heim|weh**
hei|ra|ten
hei|ser
heiß
hei|ßen, sie hieß, sie hat geheißen
hei|ter
hei|zen
die **Hei|zung**, die Heizun- gen
die **Hek|tik**
der **Held**, die Helden
hel|fen, er hilft, er half, er hat geholfen
hell
hell|wach
der **Helm**, die Helme
das **Hemd**, die Hemden
die **Hem|mung**, die Hem- mungen
hem|mungs|los
der **Hengst**, die Hengste
der **Hen|kel**, die Henkel
die **Hen|ne**, die Hennen
her
he|rab, her|ab
he|rauf, her|auf
he|raus, her|aus
die **He|raus|for|de|rung, Her|aus|for|de|rung,** die Herausforderungen
he|raus|kom|men, her|aus|kom|men, es kommt heraus → kommen

die **Her|ber|ge**, die Her- bergen
der **Herbst**
herbst|lich

der **Herd**, die Herde
die **Herde**, die Herden
he|rein, her|ein
her|kom|men
→ kommen
der **Herr**, die Herren
herr|lich
herr|schaft|lich
herr|schen
her|stel|len, er stellt her
die **Her|stel|lung**
he|rü|ber, her|über
he|rum, her|um
he|run|ter, her|un|ter
her|vor
her|vor|ra|gend
das **Herz**, die Herzen
herz|lich
Hes|sen
het|zen
das **Heu**

heu|cheln
heu|len
die Heu|schre|cke,
   die Heuschrecken
heu|te
heut|zu|ta|ge
die He|xe, die Hexen

he|xen
sie hielt → halten
sie hieß → heißen
hier
hier|her
die Hil|fe, die Hilfen
hilf|los
der Him|mel
himm|lisch
hin
hi|nauf, hin|auf
hi|naus, hin|aus
hin|dern
hin|durch
hi|nein, hin|ein
hin|fal|len, du fällst hin,
   → fallen
es hing → hängen
hin|ken
hin|ten
hin|ter

hin|ter|ei|nan|der,
hin|ter|ein|an|der
hin|ter|her

Wird *hinterher* mit einem Tunwort kombiniert, schreibt man das neue Wort zusammen: *hinterherlaufen, hinterherrennen …*

hi|nü|ber, hin|über
hi|nun|ter, hin|un|ter
das Hirn, die Hirne
der Hit, die Hits
die Hit|ze
hit|ze|frei
sie hob → heben
das Hob|by, die Hobbys
hoch, höher, am höchsten
hoch|mü|tig
die Hoch|zeit, die Hoch-
   zeiten
ho|cken
der Hof, die Höfe
hof|fen
hof|fent|lich
die Hoff|nung, die Hoff-
   nungen
höf|lich
die Höf|lich|keit
die Hö|he, die Höhen
hohl
die Höh|le, die Höhlen
der Ho|kus|po|kus
ho|len
Hol|land

Aa
Bb
Cc
Dd
Ee
Ff
Gg
Hh
Ii
Jj
Kk
Ll
Mm
Nn
Oo
Pp
Qq
Rr
Ss
Tt
Uu
Vv
Ww
Xx
Yy
Zz

Aa
Bb
Cc
Dd
Ee
Ff
Gg
Hh
Ii
Jj
Kk
Ll
Mm
Nn
Oo
Pp
Qq
Rr
Ss
Tt
Uu
Vv
Ww
Xx
Yy
Zz

hol|län|disch
die **Höl|le**
holp|rig
das **Holz**, die Hölzer
der **Ho|nig**
hop|peln
hop|sen
hor|chen
hö|ren
der **Hö|rer**, die Hörer
der **Ho|ri|zont**, die Horizonte
das **Horn**, die Hörner
die **Hor|nis|se**, die Hornissen
der **Hort**, die Horte
hor|ten
die **Ho|se**, die Hosen
das **Ho|tel**, die Hotels
hübsch
der **Hub|schrau|ber**, die Hubschrauber

hu|cke|pack
der **Huf**, die Hufe
die **Hüf|te**, die Hüften
der **Hü|gel**, die Hügel
das **Huhn**, die Hühner
die **Hül|le**, die Hüllen

die **Hül|se**, die Hülsen
die **Hum|mel**, die Hummeln
der **Hu|mor**
hum|peln
der **Hund**, die Hunde

hun|de|mü|de
der **Hun|de|ras|se**, die Hunderassen
hun|dert

Vorsicht bei der Schreibung:
bis *hundert* zählen; *hundert*
Mal, auch: *hundert*mal;
hunderte von Kindern, auch:
Hunderte von Kindern;
zwei*hundert*tausend.

der **Hun|ger**
hun|gern
hung|rig
die **Hu|pe**, die Hupen
hu|pen
hüp|fen
die **Hür|de**, die Hürden
hur|ra
hu|schen
der **Hus|ten**
hus|ten
der **Hut**, die Hüte
die **Hüt|te**, die Hütten
die **Hy|gi|e|ne**
hy|gi|e|nisch

der **ICE**, die ICEs
ich
ide|al
die **Idee**, die Ideen
der **Idi|ot**, die Idioten
idi|o|tisch
der **Igel**,
die Igel
ihm, ihn
Ihnen

Die höfliche Anrede mit *Sie/Ihnen* schreibt man groß: *Ich möchte Ihnen ganz herzlich zu diesem Erfolg gratulieren.*
Die vertrauliche Anrede mit *du/dir* schreibt man meist klein. In Briefen kann man sie auch groß-schreiben.

ihr, ihre
der **Im|ker**, die Imker

im
im|mer
imp|fen, er wird ge-impft
die **Imp|fung**, die Impfungen
in
der **In|di|a|ner**, die Indianer
In|di|en
in|ein|an|der,
in|ei|nan|der
die **In|for|ma|ti|on**, die Informationen
in|for|mie|ren
der **In|halt**, die Inhalte
das **In|halts|ver|zeich|nis**, die Inhaltsverzeichnisse
in|nen
in|ner|halb
das **In|sekt**, die Insekten
die **In|sel**, die Inseln
das **In|se|rat**, die Inserate
ins|ge|samt

Aa
Bb
Cc
Dd
Ee
Ff
Gg
Hh
Ii
Jj
Kk
Ll
Mm
Nn
Oo
Pp
Qq
Rr
Ss
Tt
Uu
Vv
Ww
Xx
Yy
Zz

in|so|fern
die **In|spek|ti|on**,
Ins|pek|ti|on,
die Inspektionen
der **In|stal|la|teur**,
Ins|tal|la|teur, die
Installateure
in|stal|lie|ren,
ins|tal|lie|ren
der **In|stinkt**, die Instinkte
das **In|stru|ment**,
Ins|tru|ment, die
Instrumente

> Kennst du die folgenden
> Instrumente:
> *der Bass, das Cello,*
> *die Flöte, die Geige,*
> *die Gitarre, die Klarinette,*
> *das Klavier, der Kontrabass,*
> *die Oboe, die Trommel,*
> *die Trompete?*

in|tel|li|gent
die **In|tel|li|genz**
in|te|res|sant,
in|ter|es|sant
das **In|te|res|se**,
In|ter|es|se, die Inter-
essen
in|te|res|sie|ren,
in|ter|es|sie|ren
das **In|ter|nat**, die Inter-
nate
in|ter|na|ti|o|nal
das **In|ter|net**

das **In|ter|view**, die Inter-
views
in|ter|view|en
in|zwi|schen
ir|gend
ir|gend|ein, irgendeine,
irgendeiner
ir|gend|et|was
ir|gend|je|mand
ir|gend|wann
ir|gend|was
ir|gend|wel|che
ir|gend|wie
ir|gend|wo
irisch
Ir|land
sich **ir|ren**, ich habe mich ge-
irrt
der **Irr|tum**, die Irrtümer
irr|tüm|lich
der **Is|lam**
er **isst** → essen
er **ist** → sein
Ita|li|en
ita|li|e|nisch

J

	ja
die	**Jacht**, auch: die Yacht, die Jachten
die	**Jacke**, die Jacken
die	**Jagd**
	jagen
der	**Jäger**
der	**Jaguar**, die Jaguare
	jäh
das	**Jahr**, die Jahre

> Die vier *Jahres*zeiten (Frühling, Sommer, Herbst, Winter), das Schalt*jahr* (366 Tage). Ein *Jahr* hat 365 Tage, zwölf Monate oder 52 Wochen.

	jahrelang
das	**Jahrhundert**, die Jahrhunderte
	jährlich
der	**Jahrmarkt**, die Jahrmärkte

die	**Jalousie**, die Jalousien
der	**Jammer**
	jämmerlich
	jammern
der	**Januar**
	Japan
	japanisch
	japsen
	jäten
die	**Jauche**, die Jauchen
	jauchzen
	jaulen
	jawohl
der	**Jazz**
	je
die	**Jeans**, die Jeans

Aa
Bb
Cc
Dd
Ee
Ff
Gg
Hh
Ii
Jj
Kk
Ll
Mm
Nn
Oo
Pp
Qq
Rr
Ss
Tt
Uu
Vv
Ww
Xx
Yy
Zz

je|den|falls
je|der, jede, jedes

> Zusammensetzungen mit *jeder*: *zu jeder Zeit* (aber: *jederzeit*), *jedes Jahr*, *das weiß ein jeder*, *jeder Einzelne wurde gefragt*; *jedes Mal schien die Sonne*

je|doch
der **Jeep**, die Jeeps
je|mals
je|mand
je|ner, jene, jenes
jen|seits
Je|sus
jetzt
je|weils
der **Job**, die Jobs
das **Jod**
jo|deln
das **Jol|ga**, auch: das Yoga
jog|gen
der **Jo|ghurt**, auch: das Joghurt, auch: der/das Jogurt, die Joghurts
joh|len
das **Jo-Jo**, auch: das Yo-Yo, die Jo-Jos
jong|lie|ren
der **Jour|na|list**, die Journalisten

der **Jour|na|lis|mus**
der **Joy|stick**, die Joysticks
der **Ju|bel**
ju|beln
das **Ju|bi|lä|um**, die Jubiläen
ju|cken
der **Ju|de**, die Juden
die **Jü|din**, die Jüdinnen
das **Ju|do**

> Zusammengesetzte Begriffe mit dem Namenwort *Judo*: der *Judo*griff, der *Judoka* (*Judo*sportler), die *Judoka* (*Judo*sportlerin) ...

die **Ju|gend**
die **Ju|gend|her|ber|ge**, die Jugendherbergen
ju|gend|lich
der/ **Ju|gend|li|che**, die
die Jugendlichen
der **Ju|li**
jung, jünger, am jüngsten
der **Jun|ge**, die Jungen
der **Ju|ni**
das **Ju|wel**, die Juwelen
der **Ju|we|lier**, die Juweliere

> Bei einem *Juwelier* kann man Uhren und Schmuck kaufen.

das	**Ka|bel**, die Kabel	der	**Kamm**, die Kämme
die	**Ka|bi|ne**, die Kabinen		**käm|men**
die	**Ka|chel**, die Kacheln	die	**Kam|mer**, die Kammern
der	**Kä|fer**, die Käfer	der	**Kampf**, die Kämpfe
der	**Kaf|fee**		**kämp|fen**
der	**Kä|fig**, die Käfige	der	**Kämp|fer**, die Kämpfer
	kahl	der	**Ka|nal**, die Kanäle
der	**Kahn**, die Kähne	der	**Ka|na|ri|en|vo|gel**,
der	**Kai**, die Kais		die Kanarienvögel
der	**Kai|ser**, die Kaiser	der	**Kan|di|dat**, die Kandi-
der	**Ka|kao**, die Kakaos		daten
der	**Kak|tus**, die Kakteen	das	**Kän|gu|ru**, die Kängurus
das	**Kalb**, die Kälber	das	**Ka|nin|chen**, die Kaninchen
der	**Ka|len|der**, die Kalender	der	**Ka|nis|ter**, die Kanister
der	**Kalk**	er	**kann** → können
	kalt, kälter, am kältesten	die	**Kan|ne**, die Kannen
die	**Käl|te**	der	**Kan|ni|bal|le**, die Kanni-
er	**kam** → kommen		balen
das	**Ka|mel**, die Kamele	sie	**kann|te** → kennen
die	**Ka|me|ra**, die Kameras	der	**Ka|non**, die Kanons
der	**Ka|me|rad**, die Kamera-	die	**Ka|no|ne**, die Kanonen
	den	die	**Kan|te**, die Kanten
		das	**Ka|nu**, die Kanus

Aa
Bb
Cc
Dd
Ee
Ff
Gg
Hh
Ii
Jj
Kk
Ll
Mm
Nn
Oo
Pp
Qq
Rr
Ss
Tt
Uu
Vv
Ww
Xx
Yy
Zz

die **Ka|pel|le**, die Kapellen
ka|pie|ren
der **Ka|pi|tän**, die Kapitäne
das **Ka|pi|tel**, die Kapitel
die **Kap|pe**, die Kappen
ka|putt
die **Ka|pu|ze**, die Kapuzen
das **Ka|ra|cho**
das **Ka|ra|te**
die **Ka|ra|wa|ne**, die Kara-
wanen
karg
ka|riert
die **Ka|ri|es**
der **Kar|ne|val**
das **Kar|ni|ckel**, die
Karnickel
das **Ka|ro**, die Karos
die **Ka|rot|te**, die
Karotten
der **Karp|fen**, die
Karpfen
die **Kar|re**, die Karren
kar|ren
die **Kar|te**, die Karten
die **Kar|tof|fel**, die Kartof-
feln
der **Kar|ton**, die Kartons
das **Ka|rus|sell**, die Karus-
selle, auch: die Karussells
der **Kä|se**, die Käse
der **Kas|per**, die Kasper
die **Kas|se**, die Kassen
die **Kas|set|te**, die Kasset-
ten
kas|sie|ren

die **Kas|ta|nie**, die
Kastanien
der **Kas|ten**, die Kästen
der **Ka|ta|log**, die Kataloge
der **Ka|ta|ly|sa|tor**, die
Katalysatoren
die **Ka|ta|stro|phe**,
Ka|tas|tro|phe,
Ka|tast|ro|phe, die
Katastrophen
der **Ka|ter**, die Kater
ka|tho|lisch
die **Kat|ze**, die Katzen
kau|en
kau|ern
kau|fen
das **Kau|gum|mi**,
auch: der Kau-
gummi, die Kaugummis
die **Kaul|quap|pe**, die Kaul-
quappen
kaum
der **Ke|gel**, die Kegel
die **Keh|le**, die Kehlen
keh|ren
kei|fen
der **Keim**, die Keime
kei|men
kein, keiner, keine, keines
der **Keks**, die Kekse
der **Kel|ler**, die Keller
der **Kell|ner**, die Kellner
ken|nen, er kannte, er
hat gekannt
die **Kennt|nis**, die Kennt-
nisse

die **Kenn|zif|fer**, die Kenn-
ziffern
ken|tern
der **Ker|ker**, die Kerker
der **Kerl**, die Kerle
der **Kern**, die Kerne
die **Ker|ze**, die Kerzen
ker|zen|ge|ra|de
kess
der **Kes|sel**, die Kessel
der **Ket|chup**, **Ketch|up**,
auch: das Ketchup, auch:
der/das Ketschup
die **Ket|te**, die Ketten
keu|chen
keusch
das **Key|board**, die Key-
boards
ki|chern
ki|cken
kid|nap|pen
der **Kie|fer**

Das Wort *Kiefer* kann
für zwei unterschiedliche
Dinge stehen:
1. *der Kiefer, die Kiefer*
(ein Schädelknochen)
2. *die Kiefer, die Kiefern*
(ein Nadelbaum)
Was genau gemeint ist,
kannst du zum einen am
Begleiter und an der Mehr-
zahl erkennen, zum anderen
aus dem Zusammenhang
erschließen.

die **Kie|me**, die Kiemen
der **Kie|sel**, die Kiesel
das **Ki|lo|gramm**, kurz: kg
der **Ki|lo|me|ter**, die Kilo-
meter, kurz: km
das **Kind**, die Kinder

Du bist nicht sicher,
ob ein bestimmtes
Namenwort am Ende ein *d*
oder ein *t* hat?
Setze es einfach in die
Mehrzahl, dann hörst du
nämlich genau, ob der
Buchstabe hart oder weich
gesprochen wird:
Das Kin*d* → die Kin*d*er.

kin|disch
kind|lich
das **Ki|no**, die Kinos
der **Ki|osk**, die Kioske
kip|pen
die **Kir|che**, die Kirchen
kirch|lich
die **Kir|sche**, die Kirschen
das **Kis|sen**, die Kissen
die **Kis|te**,
die Kisten
der **Kitsch**
kit|schig
der **Kit|tel**, die
Kittel
kit|zeln
kitz|lig, auch: kitzelig
die **Ki|wi**, die Kiwis

Aa
Bb
Cc
Dd
Ee
Ff
Gg
Hh
Ii
Jj
Kk
Ll
Mm
Nn
Oo
Pp
Qq
Rr
Ss
Tt
Uu
Vv
Ww
Xx
Yy
Zz

kläf|fen
kla|gen
kläg|lich
der **Kla|mauk**
klamm
die **Klam|mer**, die Klam-
mern
klam|mern
klamm|heim|lich
die **Kla|mot|te**, die Klamot-
ten
der **Klang**, die Klänge
die **Klap|pe**, die Klappen
klap|pen
klap|pern
der **Klaps**, die Klapse
klar
die **Klas|se**, die Klassen
der **Klas|sen|leh|rer**, die
Klassenlehrer
die **Klas|sik**
der **Klatsch**
klat|schen, du klatschst
klatsch|nass
klau|en
das **Kla|vier**, die Klaviere

kle|ben
kleb|rig
kle|ckern
der **Klecks**, die Kleckse
der **Klee**
das **Kleid**, die Kleider
klein
die **Klei|nen**
klein|lich
klem|men
klet|tern
klim|pern
die **Klin|gel**, die Klingeln
klin|geln
klin|gen, es klang, es
hat geklungen
die **Klin|ke**, die Klinken
die **Kli|nik**, die Kliniken
die **Klip|pe**, die Klippen
klir|ren
das **Klo**, die Klos
klop|fen
der **Kloß**, die Klöße
der **Klotz**, die Klötze
klug, klüger, am klügsten
der **Klum|pen**, die Klumpen
knab|bern
der **Kna|be**, die
Knaben
kna|cken
der **Knall**, die
Knalle
knal|len
knal|lig
knall|rot
knapp

knar|ren
knat|tern
der **Knecht**, die Knechte
kneil|fen, du kneifst,
er kniff, er hat gekniffen
knil|cken
das **Knie**, die Knie
knif|fe|lig, auch: knifflig
knip|sen
der **Knirps**, die Knirpse
knir|schen
knis|tern
kno|beln
der **Knobl|lauch**
der **Knö|chel**, die Knöchel
der **Kno|chen**, die Knochen
kno|chig
der **Knö|del**, die Knödel
der **Knopf**, die Knöpfe
die **Knos|pe**, die Knospen
der **Kno|ten**, die Knoten
knüp|fen
knur|ren
knusp|rig, auch: knuspe-
rig
das **K. o./k. o.** sein

Am Abend dieses
anstrengenden Tages
war Felix ganz *k. o.*
Mein Vater hat sich
den Boxkampf bis
zum *K. o.* angesehen.

der **Ko|bold**, die Kobolde
der **Koch**, die Köche

kol|chen
köl|dern
der **Kof|fer**, die Koffer

der **Kohl**
die **Koh|le**, die Kohlen
die **Koh|len|säu|re**
kohl|ra|ben|schwarz
die **Ko|kos|nuss**, die Ko-
kosnüsse
der **Kol|le|ge**, die Kollegen
die **Kol|le|gin**, die Kollegin-
nen
kom|bi|nie|ren
ko|misch
das **Kom|ma**, die Kommas,
auch: die Kommata
kom|man|die|ren
kom|men, er kam, er ist
gekommen
der **Kom|mis|sar**, die Kom-
missare
die **Kom|mo|de**, die Kom-
moden
die **Kom|mu|ni|on**, die
Kommunionen
der **Kom|pass**, die Kompas-
se
kom|pli|ziert
die **Kon|di|to|rei**, die Kondi-
toreien
das **Kon|fekt**, die Konfekte

Aa
Bb
Cc
Dd
Ee
Ff
Gg
Hh
Ii
Jj
Kk
Ll
Mm
Nn
Oo
Pp
Qq
Rr
Ss
Tt
Uu
Vv
Ww
Xx
Yy
Zz

A a
B b
C c
D d
E e
F f
G g
H h
I i
J j
K k
L l
M m
N n
O o
P p
Q q
R r
S s
T t
U u
V v
W w
X x
Y y
Z z

die **Kon|fir|ma|ti|on**, die Konfirmationen

die **Kon|fi|tü|re**, die Konfitüren

kon|fus

der **Kö|nig**, die Könige

kö|nig|lich

kön|nen, er kann, er konnte, er hat gekonnt

der **Kon|sum**

der **Kon|ti|nent**, die Kontinente

kon|trol|lie|ren

das **Kon|to**, die Konten

die **Kon|zen|tra|ti|on**

kon|zen|trie|ren

das **Kon|zert**, die Konzerte

der **Kopf**, die Köpfe

ko|pie|ren

kopf|rech|nen

der **Ko|ran**

der **Korb**, die Körbe

das **Korn**, die Körner

kör|nig

der **Kör|per**, die Körper

kor|ri|gie|ren

der **Kos|mo|naut**, die Kosmonauten

kost|bar

kos|ten

köst|lich

das **Kos|tüm**, die Kostüme

der **Kot**

der **Kö|ter**, die Köter

die **Krab|be**, die Krabben

krab|beln

der **Krach**

kra|chen

kräch|zen

die **Kraft**, die Kräfte

das **Kraft|fahr|zeug** (kurz: Kfz), die Kraftfahrzeuge

kräf|tig

der **Kran**, die Kräne

krank, kränker, am kränksten

> Kennst du Begriffe und Wendungen in denen das Wort *krank* vorkommt? Das *Kranken*haus, die *Kranken*schwester, der *Kranken*wagen, die *Krank*heit, *krank*lachen, *krank*schreiben; aber: sich *krank* fühlen, sich *krank* stellen ...

der **Kranz**, die Kränze

krat|zen

krau|len

kräu|seln

das **Kraut**, die Kräuter

die **Kra|wat|te**, die Krawatten

kre|a|tiv

der **Krebs**, die Krebse

die **Krei|de**, die Kreiden

der **Kreis**, die Kreise

krei|schen

die **Krem**, auch: die Kreme,
auch: die Creme, die
Krems
kre|mig, auch: cremig
das **Kreuz**, die Kreuze
die **Kreu|zung**,
die Kreuzungen
krie|chen, sie kroch, sie
ist gekrochen
der **Krieg**, die Kriege
krie|gen
der **Kri|mi**, die Krimis
krit|zeln
das **Kro|ko|dil**, die Krokodile
die **Krö|te**, die Kröten
die **Krü|cke**, die Krücken
der **Krü|mel**, die Krümel
krumm
die **Kü|che**, die Küchen
der **Ku|chen**, die Kuchen
der **Ku|ckuck**, die Kuckucke
die **Ku|gel**, die Kugeln
der **Ku|gel|schrei|ber**, die
Kugelschreiber
die **Kuh**, die
Kühe
kühl
küh|len
der **Kühl|schrank**, die Kühl-
schränke
kühn
das **Kü|ken**, die Küken
die **Ku|lis|se**, die Kulissen
der **Kum|mer**
küm|mer|lich
küm|mern

der **Kum|pel**, die Kumpel
der **Kun|de**, die Kunden
die **Kün|di|gung**, die Kündi-
gungen
künf|tig
die **Kunst**, die Künste
der **Künst|ler**, die Künstler
künst|lich
das **Kunst|werk**, die Kunst-
werke
kun|ter|bunt
das **Kup|fer**
die **Kup|pel**, die Kuppeln
die **Kur**, die Kuren
kur|beln
der **Kür|bis**, die
Kürbisse
der **Kurs**, die Kurse
die **Kur|ve**, die Kurven
kur|vig
kurz, kürzer, am kürzes-
ten
kür|zen
kurz|sich|tig
ku|scheln
das **Ku|schel|tier**,
die Kuscheltiere
kusch|lig, auch:
kuschelig
die **Ku|si|ne**, auch: Cousine,
die Kusinen
der **Kuss**, die Küsse
küs|sen
die **Küs|te**, die Küsten
die **Kut|sche**, die Kutschen
das **Ku|vert**, die Kuverts

Aa
Bb
Cc
Dd
Ee
Ff
Gg
Hh
Ii
Jj
Kk
Ll
Mm
Nn
Oo
Pp
Qq
Rr
Ss
Tt
Uu
Vv
Ww
Xx
Yy
Zz

Aa
Bb
Cc
Dd
Ee
Ff
Gg
Hh
Ii
Jj
Kk
Ll
Mm
Nn
Oo
Pp
Qq
Rr
Ss
Tt
Uu
Vv
Ww
Xx
Yy
Zz

la|bern

das **La|bor**, die Labors, auch: die Labore

das **La|by|rinth**, die Laby-rinthe

lä|cheln

la|chen

das **La|chen**

lä|cher|lich

der **Lack**, die Lacke

la|ckie|ren

la|den, sie lud, sie hat geladen

sie **lag** → liegen

die **La|ge**, die Lagen

das **La|ger**, die Lager

lahm

die **Läh|mung**, die Läh-mungen

der **Laib**, die Laibe

der **Laich**

der **Laie**, die Laien

das **La|ken**, die Laken

lal|len

das **Lamm**, die Lämmer

die **Lam|pe**, die Lampen

das **Land**, die Länder

lan|den

länd|lich

die **Land|schaft**, die Land-schaften

lang, länger, am längsten

die **Län|ge**, die Längen

lang|sam

längst

längs|tens

lang|wei|lig
der **Lap|pen**, die Lappen
die **Lär|che**, die Lärchen
(Nadelbaum)
der **Lärm**
lär|men
die **Lar|ve**, die Larven
er **las** → lesen
las|sen, er lässt, er ließ,
er hat gelassen
läs|sig
das **Las|so**, die Lassos
die **Last**, die Lasten
das **Las|ter**, die Laster
läs|tern
läs|tig
das **La|tein**
die **La|ter|ne**,
die Laternen
die **Lat|te**, die Latten
die **Latz|ho|se**, die Latz-
hosen
das **Laub**
lau|fen

> Die Zeitformen (1. und
> 2. Vergangenheit) von
> *laufen* werden unregel-
> mäßig gebildet: *ich laufe,*
> *lief, bin gelaufen; du läufst,*
> *liefst, bist gelaufen; er/sie/*
> *es läuft, lief, ist gelaufen;*
> *wir laufen, liefen, sind*
> *gelaufen; ihr lauft, lieft, seid*
> *gelaufen; sie laufen, liefen,*
> *sind gelaufen.*

lau|nisch
die **Laus**, die Läuse
der **Laus|bu|be**, die Laus-
buben
lau|schen
laut
läu|ten
laut|los
lau|warm
die **La|wi|ne**, die Lawinen
le|ben
das **Le|ben**, die Leben
le|ben|dig
le|bens|ge|fähr|lich
das **Le|ben|smit|tel**, die
Lebensmittel
das **Le|be|we|sen**, die
Lebewesen
leb|haft
le|cken
le|cker
le|dig

> Wenn jemand *ledig* ist, dann
> ist er nicht verheiratet.

le|dig|lich
leer
le|gen
leh|mig
die **Leh|ne**, die Lehnen
sich **leh|nen**
leh|ren
der **Leh|rer**, die Lehrer
die **Leh|re|rin**, die Lehre-
rinnen

Aa
Bb
Cc
Dd
Ee
Ff
Gg
Hh
Ii
Jj
Kk
Ll
Mm
Nn
Oo
Pp
Qq
Rr
Ss
Tt
Uu
Vv
Ww
Xx
Yy
Zz

Aa
Bb
Cc
Dd
Ee
Ff
Gg
Hh
Ii
Jj
Kk
Ll
Mm
Nn
Oo
Pp
Qq
Rr
Ss
Tt
Uu
Vv
Ww
Xx
Yy
Zz

die **Lei|che**, die Leichen
leicht
leicht|sin|nig
lei|den, sie litt, sie hat gelitten
lei|den|schaft|lich
lei|der
lei|hen, er lieh, er hat geliehen
lei|se
die **Leis|te**, die Leisten
leis|ten
lei|ten
die **Lei|ter**, die Leitern
der **Lei|ter**, die Leiter

> Mithilfe einer *Leiter* kannst du irgendwo hinaufsteigen. Die Mehrzahl heißt *Leitern*. Der *Leiter* (z. B. Schulleiter) ist so etwas wie der Chef. Mehrzahl ist hier *die Leiter*.

len|ken
der **Len|ker**, die Lenker
der **Le|o|pard**, die Leoparden

die **Ler|che**, die Lerchen (Singvogel)
ler|nen
le|sen, er liest, er las, er hat gelesen
le|ser|lich
letz|tens
leuch|ten
der **Leucht|turm**, die Leuchttürme
leug|nen
die **Leu|te**
das **Le|xi|kon**, die Lexika
das **Licht**, die Lichter
lieb, lieb sein
die **Lie|be**
lie|ben
lie|bens|wür|dig
lieb ha|ben, er hatte lieb, er hat lieb gehabt
das **Lied**, die Lieder
er **lief** → laufen
lie|fern
lie|gen, sie lag, sie hat gelegen

> Bist du dir unsicher, ob man *liegt* mit *g* oder *k* schreibt? Bilde die Grundform (*liegen*) und sprich sie laut, dann kannst du es gut hören. Dieser Trick lässt sich auch bei anderen Wörtern anwenden, die eine ähnliche Endung haben.

er **lieh** → leihen
er **ließ** → lassen
er **liest** → lesen
die **Li|ga**, die Ligen
li|la
die **Li|mo|na|de**, die Limonaden
das **Li|ne|al**, die Lineale
li|niert
links
der **Links|hän|der**, die Linkshänder
die **Lip|pe**, die Lippen
lis|peln
die **Lis|te**, die Listen
lis|tig
der **Li|ter**, die Liter, kurz: l
sie **litt** → leiden
das **Lob**
lo|ben
das **Loch**, die Löcher
löch|rig
lo|cken
lo|cker
lo|ckig
der **Löf|fel**, die Löffel
er **log** → lügen
der **Lohn**, die Löhne
sich **loh|nen**, es lohnt sich
die **Lo|ko|mo|ti|ve**, die Lokomotiven
das **Los**, die Lose
lo|se

lö|schen
lo|sen
lö|sen
los|las|sen, er lässt los → lassen
die **Lö|sung**, die Lösungen
der **Lö|we**, die Löwen
der **Lö|wen|zahn**
der **Luchs**, die Luchse
die **Lü|cke**, die Lücken
sie **lud** → laden
die **Luft**, die Lüfte
der **Luft|bal|lon**, die Luftballons

lüf|ten
luf|tig
die **Lü|ge**, die Lügen
lü|gen, er log, er hat gelogen
der **Lüm|mel**, die Lümmel
der **Lum|pen**, die Lumpen
die **Lun|ge**, die Lungen
die **Lu|pe**, die Lupen
die **Lust**, die Lüste
lus|tig
lust|los
lut|schen
der **Lut|scher**, die Lutscher
der **Lu|xus**

Aa
Bb
Cc
Dd
Ee
Ff
Gg
Hh
Ii
Jj
Kk
Ll
Mm
Nn
Oo
Pp
Qq
Rr
Ss
Tt
Uu
Vv
Ww
Xx
Yy
Zz

ma|chen

die **Macht**, die Mächte

mäch|tig

macht|los

das **Mäd|chen**, die Mädchen

sie **mag** → mögen

der **Ma|gen**, die Mägen

ma|ger

die **Ma|gie**

der **Mag|net**, **Ma|gnet**, die Magneten

mag|ne|tisch, **ma|gne|tisch**

mä|hen

mah|len

Ich *mahle* ein Pfund Kaffee, aber: Ich *male* ein Bild.

die **Mäh|ne**, die Mähnen

mah|nen

die **Mah|nung**, die Mah-nungen

der **Mai**

das **Mai|glöck|chen**, die Maiglöckchen

die **Mail|box**, die Mailboxen

der **Mais**

die **Ma|jes|tät**, die Majes-täten

die **Ma|jo|nä|se**, auch: die Mayonnaise

mal

Wenn ich sieben mit sieben *malnehme*, dann rechne ich sieben *mal* sieben. Meinen neuen Lehrer sehe ich heute zum ersten *Mal*.

ma|len

die **Ma|ma**, die Mamas

man

man|cher, manche, manches

manch|mal

die **Man|da|ri|ne**, die Man-
darinen

die **Man|del**, die Mandeln

die **Ma|ne|ge**, die Manegen

der **Man|gel**, die Mängel

man|gel|haft

der **Mann**, die Männer

männ|lich

die **Mann|schaft**, die Mann-
schaften

der **Man|tel**, die Mäntel

das **Mäpp|chen**,
die Mäppchen

die **Map|pe**, die Mappen

das **Mär|chen**, die Märchen

die **Mar|ga|rine**

die **Mar|ge|ri|te**,
die Margeriten

der **Ma|ri|en|kä|fer**,
die Marienkäfer

die **Ma|ri|o|net|te**,
die Marionetten

die **Mar|ke**, die Marken

die **Mar|kie|rung**, die Mar-
kierungen

die **Mar|ki|se**, die Markisen

der **Markt**, die Märkte

die **Mar|me|la|de**, die Mar-
meladen

der **Mars**

der **Marsch**, die Märsche

mar|schie|ren

der **März**

das **Mar|zi|pan**, auch: der
Marzipan

die **Ma|sche**, die Maschen

die **Ma|schi|ne**, die Maschi-
nen

die **Mas|ke**, die Masken

das **Maß**, die Maße

sie **maß** → messen

die **Mas|sa|ge**, die Massa-
gen

die **Mas|se**, die Massen

mas|sie|ren

mä|ßig

maß|los

die **Ma|the|ma|tik**

die **Mat|rat|ze**, **Ma|trat|ze**,
die Matratzen

der **Matsch**

mat|schig

matt

die **Mat|te**, die Matten

die **Mau|er**, die Mauern

mau|ern

das **Maul**, die Mäuler

mau|len

der **Maul|wurf**, die Maul-
würfe

die **Maus**, die Mäuse

die **Ma|yon|nai|se**,
auch: die Majonäse

me|ckern

Aa Bb Cc Dd Ee Ff Gg Hh Ii Jj Kk Ll Mm Nn Oo Pp Qq Rr Ss Tt Uu Vv Ww Xx Yy Zz

Aa
Bb
Cc
Dd
Ee
Ff
Gg
Hh
Ii
Jj
Kk
Ll
Mm
Nn
Oo
Pp
Qq
Rr
Ss
Tt
Uu
Vv
Ww
Xx
Yy
Zz

Meck|len|burg-Vor|pom|mern

die **Me|dail|le**, die Medaillen

die **Me|di|en**

das **Me|di|ka|ment**, die Medikamente

die **Me|di|zin**

das **Meer**, die Meere

> Es gibt noch mehr Wörter mit Doppel-*e*. Manchmal steht *ee* in der Wortmitte, manchmal am Wortende: B*ee*t, B*ee*re, l*ee*r, T*ee*r, M*ee*r, H*ee*r, S*ee*, F*ee*, Kaff*ee*, Schn*ee*, Kl*ee*, All*ee*, Frott*ee*, Gel*ee*, T*ee*, Mosch*ee*, Id*ee* …

der **Meer|ret|tich**

das **Meer|schwein|chen**, die Meerschweinchen

das **Mehl**

mehr → viel

meh|re|re

die **Mehr|zahl**

mei|den, sie mied, sie hat gemieden

mein, meiner, meine, meines

mei|nen

die **Mei|nung**, die Meinungen

die **Mei|se**, die Meisen

am **meis|ten** → viel

meis|tens

der **Meis|ter**, die Meister

mel|den

mel|ken

die **Me|lo|die**, die Melodien

die **Me|lo|ne**, die Melonen

die **Men|ge**, die Mengen

der **Mensch**, die Menschen

men|schen|leer

mensch|lich

das **Me|nü**, die Menüs

mer|ken

merk|wür|dig

mes|sen, sie misst, sie maß, sie hat gemessen

das **Mes|ser**, die Messer

das **Me|tall**, die Metalle

der **Me|ter**, die Meter, kurz: m

der **Metz|ger**, die Metzger

die **Meu|te**, die Meuten

meu|tern

mi|au|en

sie **mied** → meiden

die **Mie|ne**, die Mienen (Gesichtsausdruck)

mies
die **Mielte**, die Mieten
mielten
das **Mikrofon**, auch: das Mikrophon, die Mikrofone
die **Milch**
milchig
mild
mildern
der **Millimeter**, die Millimeter, kurz: mm
die **Million**, die Millionen
mindestens
die **Mine**, die Minen

> Mit dem Wort *Mine* kann die Mine eines Stiftes, ein Bergwerk oder ein Sprengkörper gemeint sein.

mini
minus
die **Minute**, die Minuten, kurz: min
mir
mischen
die **Mischung**, die Mischungen
das **Missgeschick**, die Missgeschicke
misslingen, es misslingt, es misslang, es ist misslungen
missmutig
sie **misst** → messen
misstrauisch

der **Mist**
mit
das **Mitbringsel**, die Mitbringsel
miteinander, **miteinander**
mitfahren, er fährt mit, er fuhr mit, er ist mitgefahren

mitkommen, er kommt mit, er kam mit, er ist mitgekommen
das **Mitleid**
mitleidig
mitmachen, du machst mit, du hast mitgemacht
der **Mitschüler**, die Mitschüler
der **Mittag**, die Mittage
das **Mittagessen**, die Mittagessen
mittags
die **Mitte**
das **Mittelmeer**
mitten
die **Mitternacht**

Aa
Bb
Cc
Dd
Ee
Ff
Gg
Hh
Ii
Jj
Kk
Ll
Mm
Nn
Oo
Pp
Qq
Rr
Ss
Tt
Uu
Vv
Ww
Xx
Yy
Zz

Aa
Bb
Cc
Dd
Ee
Ff
Gg
Hh
Ii
Jj
Kk
Ll
Mm
Nn
Oo
Pp
Qq
Rr
Ss
Tt
Uu
Vv
Ww
Xx
Yy
Zz

der **Mitt|woch**, die Mitt-
woche
mi|xen
das **Mö|bel**, die Möbel
sie **möch|te** → mögen
die **Mo|de**, die Moden
mo|dern
mo|geln
mö|gen, sie mag, sie
möchte, sie mochte, sie
hat gemocht
mol|lig
der **Mo|nat**, die Monate
mo|na|te|lang
mo|nat|lich
der **Mond**, die Monde
der **Mond|schein**
der **Mon|tag**, die
Montage

> am Montag, alle Montage,
> eines Montags,
> des Montags, am
> Montagmorgen/-abend
> aber: montags, montag-
> abends

das **Moor**, die Moore
das **Moos**
der **Mord**, die Morde
der **Mor|gen**, die Morgen
mor|gen
mor|gens
morsch
der **Mos|lem**, auch: Muslim,
die Moslems

der **Mo|tor**, die Motoren
das **Mo|tor|rad**, die Motor-
räder
die **Mö|we**, die Möwen
mucks|mäus|chen|still
mü|de
die **Mü|he**, die Mühen
mü|hen
die **Müh|le**, die Mühlen
der **Müll**
der **Müll|ei|mer**, die Müll-
eimer
mul|ti|pli|zie|ren
der **Mund**, die Münder
münd|lich
mun|ter
die **Mün|ze**, die
Münzen
mür|risch
das **Mus**, die Muse
die **Mu|schel**, die Muscheln
das **Mu|se|um**, die Museen
die **Mu|sik**
mu|si|ka|lisch
der **Mus|kel**, die Muskeln
der **Mus|lim**, die Muslime
die **Mus|li|min**, auch: Mus-
lima, die Musliminnen,
auch: Muslimas
müs|sen, sie muss, sie
musste, sie hat gemusst
der **Mut**
mu|tig
die **Mut|ter**, die Mütter
die **Müt|ze**, die Mützen

der **Na|bel**, die Nabel

die **Na|bel|schnur**, die Na-belschnüre

nach

nach|äf|fen, er äfft nach

nach|ah|men, sie ahmt nach

der **Nach|bar**, die Nachbarn

nach|dem

nach|den|ken, du denkst nach → denken

nach|ei|fern, du eiferst (jemandem) nach

nach|ei|nan|der, **nach|ein|an|der**

nach|ge|ben, du gibst nach → geben

nach|grü|beln, er grübelt nach

nach Hause

nach|her

die **Nach|hil|fe**

nach|las|sen → lassen

nach|läs|sig

nach|ma|chen

der **Nach|mit|tag**, die Nach-mittage

nach|mit|tags

der **Nach|na|me**, die Nach-namen

die **Nach|richt**, die Nach-richten

nach|schla|gen, sie schlug nach, sie hat nach-geschlagen

der **Nächs|te**

> Der *Nächste* bitte! Wer kommt *als Nächster*? Wir sehen uns erst *nächstes* Jahr wieder. Er kam am *nächsten* Morgen.

am **nächs|ten** → nah

die **Nacht**, die Nächte

der **Nach|tisch**

nächt|lich

nach|träg|lich
nachts
der **Nach|wuchs**

der **Nach|züg|ler**, die Nach-
zügler
der **Na|cken**, die Nacken
nackt
die **Na|del**, die Nadeln
der **Na|gel**, die Nägel
na|gel|neu
na|gen
nah, näher, am nächsten
die **Nä|he**
nä|hen
er **nahm** → nehmen
die **Nah|rung**
die **Naht**, die Nähte
der **Na|me**, die Namen
näm|lich
sie **nann|te** → nennen
der **Napf**, die Näpfe
die **Nar|be**, die Narben
die **Nar|ko|se**, die Nar-
kosen
der **Narr**, die Narren
na|schen
die **Na|se**, die
Nasen

nass
die **Näs|se**
die **Na|tur**
na|tür|lich
der **Ne|bel**, die Nebel
ne|ben
ne|ben|an
ne|ben|bei
ne|ben|ein|an|der,
ne|ben|ei|nan|der
ne|be|lig, auch: neblig
ne|cken
der **Nef|fe**, die Neffen
neh|men, er nimmt, er
nahm, er hat genommen
nei|disch
sich **nei|gen**
die **Nei|gung**, die Neigungen
nein
nen|nen, sie nennt, sie
nannte, sie hat genannt
ner|vös
das **Nest**, die Nester
nett
das **Netz**, die Netze
neu
die **Neu|gier|de**
neu|gie|rig
neun
neun|mal|klug
neun|zig
nicht
die **Nich|te**, die Nichten
nichts
ni|cken
nie

nie|der|ge|schla|gen

die   Nie|der|lan|de

nie|der|län|disch

Nie|der|sach|sen

nied|lich

nied|rig

nie|mals

nie|mand

> War gestern bei euch
> *niemand* zu Hause? Ich
> habe nämlich *niemanden*
> gesehen.

---

nie|seln

nie|sen

die   Nie|te, die Nieten

der   Ni|ko|laus

das   Nil|pferd, die Nil-
pferde

er   nimmt → nehmen

nir|gends

nir|gend|wo

nis|ten

die   Ni|xe, die Nixen

noch

noch|mal

das   No|men, die Nomen

der   Nor|den

nörd|lich

Nord|rhein-West|
fallen

nör|geln

nor|mal

nor|ma|ler|wei|se

die   Not, die Nöte

die   No|te, die Noten

der   Not|fall, die Notfälle

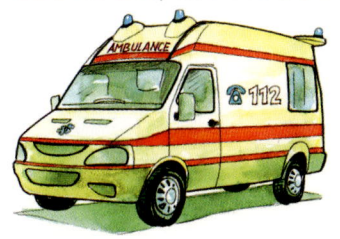

nö|tig

not|wen|dig

der   No|vem|ber

> Früher war der *November*
> der neunte Monat im Jahr.
> Daher hat er seinen Namen.
> *Novem* ist lateinisch und
> bedeutet *neun*.

---

nüch|tern

nu|ckeln

die   Nu|del, die Nudeln

die   Null, die Nullen

> 900 ist eine Zahl mit
> zwei *Nullen*.
> Im letzten Diktat hatte
> ich *null* Fehler.

---

die   Num|mer, die Nummern

num|me|rie|ren

nun

nur

nu|scheln

die   Nuss, die Nüsse

nüt|zen

nütz|lich

Aa
Bb
Cc
Dd
Ee
Ff
Gg
Hh
Ii
Jj
Kk
Ll
Mm
Nn
Oo
Pp
Qq
Rr
Ss
Tt
Uu
Vv
Ww
Xx
Yy
Zz

Aa
Bb
Cc
Dd
Ee
Ff
Gg
Hh
Ii
Jj
Kk
Ll
Mm
Nn
Oo
Pp
Qq
Rr
Ss
Tt
Uu
Vv
Ww
Xx
Yy
Zz

die **Oa|se**, die Oasen
ob
die **O-Bei|ne**
ob|dach|los
oben
die **Ober|flä|che**, die Ober-
flächen
ober|fläch|lich
ober|halb
das **Ober|teil**, die Oberteile
die **Oboe**, die Oboen
das **Obst**
ob|wohl
der **Och|se**, die Ochsen
öde
oder
der **Ofen**, die Öfen

of|fen
die **Of|fen|heit**
of|fen|sicht|lich
öf|fent|lich
die **Öf|fent|lich|keit**
öff|nen
die **Öff|nung**, die Öffnungen
oft, öfter, am öftesten
oh|ne
ohn|mäch|tig
das **Ohr**, die Ohren

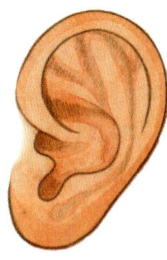

oh|ren|be|täu|bend
okay, kurz: o.k., auch:
O. K.
der **Ok|to|ber**
das **Öl**, die Öle
ölen

die   **Olym|pi|a|de**, die Olym-
       piaden
die   **Oma**, die Omas
der   **Om|ni|bus**, die Omni-
       busse
der   **On|kel**, die Onkel
der   **Opa**, die Opas
die   **Oper**, die Opern
die   **Ope|ra|ti|on**, die Opera-
       tionen
       operieren
das   **Op|fer**, die Opfer
       op|fern
       oran|ge
die   **Oran|ge**, die Orangen

das   **Or|ches|ter**, die Orches-
       ter
der   **Or|den**, die Orden
       or|dent|lich
       ord|nen
die   **Ord|nung**
       ord|nungs|ge|mäß
das   **Or|gan**, die Organe
       or|ga|ni|sie|ren
die   **Or|gel**, die Orgeln
sich   **ori|en|tie|ren**
die   **Ori|en|tie|rung**
der   **Or|kan**, die Orkane

der   **Ort**, die Orte
die   **Ort|schaft**, die Ort-
       schaften

       orts|kun|dig
der   **Os|ten**
das   **Os|tern**, die Ostern

> Statt *Ostern* sagt man
> auch *Osterfest*.
> Weitere Wörter aus dieser
> Familie sind:
> das *Oster*nest,
> das *Oster*ei,
> das *Oster*brot,
> das *Oster*lamm ...

       Ös|ter|reich
       ös|ter|rei|chisch
       öst|lich
       oval
der   **Oze|an**, die
       Ozeane
das   **Ozon|loch**

Aa
Bb
Cc
Dd
Ee
Ff
Gg
Hh
Ii
Jj
Kk
Ll
Mm
Nn
Oo
Pp
Qq
Rr
Ss
Tt
Uu
Vv
Ww
Xx
Yy
Zz

Aa
Bb
Cc
Dd
Ee
Ff
Gg
Hh
Ii
Jj
Kk
Ll
Mm
Nn
Oo
Pp
Qq
Rr
Ss
Tt
Uu
Vv
Ww
Xx
Yy
Zz

das **Paar**, die Paare

paar

> Ich kaufte mir gestern
> *ein Paar Schuhe*, es sind
> zwei schöne braune
> Sandalen. Am Abend aß
> ich dann *ein paar Nüsse* –
> so etwa neun Stück.

pach|ten

das **Päck|chen**, die Päck-
chen

pa|cken

das **Pad|del|boot**,
die Paddelboote

das **Pa|ket**, die Pakete

der **Pakt**, die Pakte

der **Pa|last**, die Paläste

die **Pal|me**, die Palmen

pa|nie|ren

die **Pa|nik**

pa|nisch

die **Pan|ne**, die Pannen

der **Pan|ter**, auch: der Pan-
ther, die Panter

der **Pan|tof|fel**, die Pantof-
feln

die **Pan|to|mi|me**, die Pan-
tomimen

der **Pan|zer**, die Panzer

der **Pa|pa**, die Papas

der **Pa|pa|gei**, die Papa-
geien

das **Pa|pier**, die
Papiere

die **Pap|pe**, die
Pappen

der **Pap|ri|ka**,
die Paprikas

die **Pap|ri|ka|scho|te**,
die Paprikaschoten

der **Papst**, die Päpste

das **Pa|ra|dies**, die Para-
diese

pa|ral|lel

das **Par|füm**, auch: Parfum,
die Parfüms

der	**Park**, die Parks
	par|ken
das	**Par|kett**
die	**Par|tei**, die Parteien
der	**Part|ner**, die Partner
die	**Par|ty**, die Partys
der	**Pass**, die Pässe
	pas|sen
	pas|sie|ren
das	**Pass|wort**, die Pass-wörter
der	**Pas|tor**, die Pastoren
das	**Pa|ten|kind**, die Paten-kinder
der	**Pa|ti|ent**, die Patienten
	pau|ken
die	**Pau|se**, die Pausen
der	**Pa|zi|fik**
der	**Pa|zi|fi|sche Oze|an**
der	**PC**, die PCs

> *PC* ist die Abkürzung für *P*ersonal *C*omputer.

das	**Pech**
das	**Pe|dal**, die Pedale

	pein|lich
die	**Peit|sche**, die Peitschen
der	**Pelz**, die Pelze
	pen|deln
der	**Pe|nis**, die Penisse, auch: die Penes

	per|fekt
die	**Per|le**, die Perlen
die	**Per|son**, die Personen
	per|sön|lich
die	**Pest**
	pet|zen
der	**Pfad**, die Pfade
der	**Pfahl**, die Pfähle
das	**Pfand**, die Pfänder
die	**Pfan|ne**, die Pfannen
der	**Pfar|rer**, die Pfarrer
das	**Pfau|en|au|ge**, die Pfauenaugen
der	**Pfef|fer**
die	**Pfei|fe**, die Pfeifen
	pfei|fen, sie pfiff, sie hat gepfiffen
der	**Pfeil**, die Pfeile
das	**Pferd**, die Pferde
sie	**pfiff** → pfeifen
der	**Pfiff**, die Pfiffe
	pfif|fig
das	**Pfings|ten**, die Pfings-ten
der	**Pfir|sich**, die Pfirsiche
das	**Pflänz|chen**, die Pflänzchen
die	**Pflan|ze**, die Pflanzen
	pflan|zen, du pflanzt
das	**Pflas|ter**, die Pflaster
die	**Pflau|me**, die Pflaumen
	pfle|gen
die	**Pfle|ge|el|tern**
die	**Pflicht**, die Pflichten
	pflicht|be|wusst
der	**Pflug**, die Pflüge

Aa

Bb

Cc

Dd

Ee

Ff

Gg

Hh

Ii

Jj

Kk

Ll

Mm

Nn

Oo

Pp

Qq

Rr

Ss

Tt

Uu

Vv

Ww

Xx

Yy

Zz

pflü|gen
der **Pfos|ten**, die Pfosten
die **Pfo|te**, die Pfoten

das **Pfund**, die Pfunde
pfu|schen
die **Pfüt|ze**, die Pfützen
die **Phan|ta|sie**, auch: die Fantasie, die Phantasien
phan|tas|tisch, auch: fantastisch
das **Phan|tom**, die Phantome
die **Phy|sik**
der **Pi|a|nist**, die Pianisten
der **Pi|ckel**, die Pickel
pi|cken
das **Pick|nick**, die Picknicke, auch: die Picknicks
piep|sen
pik|sen
die **Pil|le**, die Pillen
der **Pi|lot**, die Piloten
der **Pilz**, die Pilze
pin|ge|lig
pin|keln
der **Pin|sel**, die Pinsel
der **Pi|rat**, die Piraten

pir|schen
die **Pis|te**, die Pisten
die **Pis|to|le**, die Pistolen
pitsch|nass
die **Piz|za**, die Pizzas, auch: die Pizzen
das **Pla|kat**, die Plakate
der **Plan**, die Pläne
pla|nen
der **Pla|net**, die Planeten

Sicher kennst du einige
Planeten mit Namen:
*der Merkur, die Venus,
die Erde, der Mars,
der Jupiter, der Saturn,
der Uranus, der Neptun,
der Pluto …*

plan|los
plan|schen, auch: plantschen
plap|pern
das **Plas|tik**
plät|schern
platt
die **Plat|te**, die Platten
der **Platz**, die Plätze
plat|zen
plau|dern
plei|te
die **Plom|be**, die Plomben
plötz|lich
plump
plump|sen
der **Plu|ral**

plus

das **Plüsch|tier**, die Plüsch-tiere

der **Plus|punkt**, die Plus-punkte

plus|tern

das **Po|e|sie|al|bum**, die Poesiealben

der **Po|kal**, die Pokale

der **Po|lar|stern**

Pol|len

der **Po|li|ti|ker**, die Politiker

die **Po|li|zei**

pol|nisch

pol|tern

die **Pom|mes**

das **Po|ny**, die Ponys

der **Pool**, die Pools

das **Pop|corn**

der **Pop|star**, die Pop-stars

die **Por|ti|on**, die Portionen

das **Port|mo|nee**, auch: das Portemonnaie, die Port-monees

das **Por|zel|lan**, die Porzel-lane

die **Post**

das **Pos|ter**, die Poster

die **Post|kar|te**, die Post-karten

der **Pott**, die Pötte

die **Pracht**

präch|tig

prä|gen

prah|len

prak|tisch

die **Pra|li|ne**, die Pralinen

pral|len

die **Pran|ke**, die Pranken

pras|seln

die **Pra|xis**, die Praxen

pre|di|gen

der **Preis**, die Preise

preis|wert

die **Pres|se**

> Das Wort *Presse* hat zwei unterschiedliche Bedeutungen:
> 1. Kaum passiert etwas, ist die *Presse* zur Stelle, um darüber in der Zeitung, im Radio und im Fernsehen zu berichten.
> 2. Mit dieser Saft*presse* mache ich mir jeden Morgen frischen Orangensaft.

Aa
Bb
Cc
Dd
Ee
Ff
Gg
Hh
Ii
Jj
Kk
Ll
Mm
Nn
Oo
Pp
Qq
Rr
Ss
Tt
Uu
Vv
Ww
Xx
Yy
Zz

Aa
Bb
Cc
Dd
Ee
Ff
Gg
Hh
Ii
Jj
Kk
Ll
Mm
Nn
Oo
Pp
Qq
Rr
Ss
Tt
Uu
Vv
Ww
Xx
Yy
Zz

pres|sen
pri|ckeln
der **Pries|ter**, die Priester
pri|ma
der **Prinz**, die Prinzen
die **Prin|zes|sin**, die Prin-
zessinnen
pri|vat
die **Pro|be**, die Proben
pro|ben
pro|bie|ren
das **Prob|lem**, **Pro|blem**,
die Probleme
das **Pro|gramm**, die Pro-
gramme
der **Pro|pel|ler**, die Pro-
peller

der **Pro|phet**, die Prophe-
ten
pro|tes|tan|tisch
prot|zen
prü|fen
die **Prü|fung**, die Prü-
fungen
prü|geln
prus|ten
das **Pub|li|kum**,
Pu|bli|kum

der **Pud|ding**, die
Puddings, auch:
die Puddinge
der **Pu|del**,
die Pudel
die **Pu|del|müt|ze**,
die Pudelmützen
der **Pul|lo|ver**, **Pull|over**,
die Pullover
das **Pul|ver**, die Pulver
pum|me|lig
pum|pen
der **Punkt**, die Punkte
pünkt|lich
die **Pünkt|lich|keit**
die **Pup|pe**, die Puppen

pur
pur|zeln
die **Pus|te|blu|me**, die
Pusteblumen
pus|ten
put|zen
put|zig
das **Puz|zle**, die Puzzles
der **Py|ja|ma**, die Pyjamas
die **Py|ra|mi|de**, die Pyra-
miden

das **Quad|rat**,
Qua|drat,
die Quadrate
qua|dra|tisch,
quad|ra|tisch
qua|ken

die **Qual**, die
Qualen
quä|len

die **Qual|le**, die
Quallen

der **Qualm**
qual|men

der **Quark**

das **Quar|tett**, die
Quartette

das **Quar|tier**, die
Quartiere

die **Quarz|uhr**, die Quarz-
uhren

qua|si
quas|seln

der **Quatsch**
quat|schen

die **Quel|le**, die Quellen
quel|len, es quillt,
es quoll, es ist gequol-
len
quen|geln
quer
quer|beet

die **Quer|flö|te**,
die Quer-
flöten
quer|köp|fig
quet|schen
quie|ken
quiet|schen
quietsch|fi|del
quillt → quellen
quir|len
quir|lig
quitt

die **Quit|te**, die Quitten
die **Quit|tung**, die Quit-
tungen

das **Quiz**
quoll → quellen

Aa
Bb
Cc
Dd
Ee
Ff
Gg
Hh
Ii
Jj
Kk
Ll
Mm
Nn
Oo
Pp
Qq
Rr
Ss
Tt
Uu
Vv
Ww
Xx
Yy
Zz

der **Ra|be**, die Raben
die **Ra|che**
der **Ra|chen**, die Rachen
     rä|chen
das **Rad**, die Räder
der **Ra|dau**
     Rad fah|ren, du fährst
     Rad → fahren

> Folgende Wörter werden als
> Tunwörter getrennt
> geschrieben: *Auto fahren,*
> *Roller fahren, Schlittschuh*
> *laufen, Schlange stehen.* Als
> Namenwörter schreibst du
> sie aber zusammen: *das*
> *Radfahren, das Autofahren,*
> *das Schlittschuhlaufen, das*
> *Schlangestehen.*

der **Rad|fah|rer,**
     die Radfahrer
der **Ra|dier|gum|mi,**
     die Radiergummis

     ra|die|ren
das **Ra|dio**, die Radios
     raf|fi|niert
der **Rahm**
der **Rah|men**, die Rahmen
sich **rä|keln**, auch: rekeln
die **Ra|ke|te**, die Raketen
der **Ra|ma|dan**
     ram|men
die **Ram|pe**, die Rampen
der **Ramsch**
der **Rand**, die Ränder
er **rang** → ringen
die **Ran|ge|lei**, die Range-
     leien
er **rann|te** → rennen
der **Ran|zen**, die Ranzen
     ran|zig
     rasch
     ra|scheln
     ra|sen
der **Ra|sen**, die Rasen
     ra|sie|ren
die **Ras|se**, die Rassen

ras|seln

die **Rast**, die Rasten

ras|ten

rast|los

der **Rat**

> Anstelle des Wortes *Rat* kann man auch *Ratschlag* verwenden. Von *Ratschlag* kann man dann die Mehrzahl bilden: Tante Moni gibt meiner Schwester immer kluge *Ratschläge*.

ra|ten, sie rät, sie riet, sie hat geraten

rat|los

das **Rät|sel**, die Rätsel

rät|sel|haft

die **Rat|te**, die Ratten

rat|tern

rau

rau|ben

der **Räu|ber**, die Räuber

das **Raub|tier**, die Raubtiere

der **Rauch**

rau|chen

rau|fen

der **Raum**, die Räume

räu|men

die **Rau|pe**, die Raupen

der **Rau|reif**

raus

raus|kom|men, sie kam raus, sie ist rausgekommen

rau|schen

räus|pern

rech|nen

recht ha|ben, auch: Recht haben

das **Recht**, die Rechte

rechts

der **Recht|schreib|feh|ler**, die Rechtschreibfehler

der **Rechts|hän|der**, die Rechtshänder

recht|zei|tig

re|cken

das **Re|cyc|ling**

re|den

das **Re|gal**, die Regale

die **Re|gel**, die Regeln

re|gel|mä|ßig

der **Re|gen**

re|gie|ren

die **Re|gie|rung**, die Regierungen

reg|nen

reg|ne|risch

das **Reh**, die Rehe

das **Reh|kitz**, die Rehkitze

rei|ben, er rieb, er hat gerieben

reich

rei|chen

reif

der **Rei|fen**, die Reifen

Aa Bb Cc Dd Ee Ff Gg Hh Ii Jj Kk Ll Mm Nn Oo Pp Qq Rr Ss Tt Uu Vv Ww Xx Yy Zz

die **Rei|he**, die Reihen
rei|men
rein
rein|ge|hen, er ging
rein, er ist reingegangen
rein|lich
rei|ni|gen
die **Rei|se**, die Reisen
rei|se|lus|tig
rei|sen
rei|ßen, sie riss, sie hat
gerissen, etwas ist gerissen
der **Reiß|ver|schluss**, die
Reißverschlüsse
rei|ten, sie ritt, sie ist
geritten
der **Rei|ter**, die Reiter
rei|zen
rei|zend
die **Re|kla|me**,
die Reklamen
der **Rek|tor**, die
Rektoren
die **Re|li|gi|on**, die
Religionen
re|li|gi|ös
rem|peln
ren|nen, er rannte, er ist
gerannt
der **Rent|ner**, die Rentner
re|pa|rie|ren
die **Re|pub|lik**, **Re|pu|blik**,
die Republiken
re|ser|viert
der **Res|pekt**, **Re|spekt**
der **Rest**, die Reste

das **Res|tau|rant**, die Res-
taurants
rest|los
ret|ten
die **Reue**
reu|mü|tig
der **Re|vol|ver**, die Revolver
das **Re|zept**, die Rezepte
der **Rhein**
Rhein|land-Pfalz
der **Rhyth|mus**, die Rhyth-
men
der **Rich|ter**, die Richter
rich|tig
die **Rich|tung**, die Richtun-
gen
er **rieb** → reiben
rie|chen, sie roch, sie
hat gerochen
sie **rief** → rufen
der **Rie|gel**, die Riegel
der **Rie|men**, die Riemen
der **Rie|se**, die Riesen
rie|seln
rie|sig
er **riet** → raten
das **Rind**, die Rinder
die **Rin|de**, die Rinden
der **Ring**, die Ringe
rin|gen, er rang, er hat
gerungen
rings|he|rum,
rings|her|um
die **Rip|pe**, die Rippen
das **Ri|si|ko**, die Risiken
sie **riss** → reißen

der   **Riss**, die Risse
sie   **ritt** → reiten
der   **Rit|ter**, die Ritter

der   **Rob|be**, die Robben
der   **Ro|bo|ter**, die Roboter
sie   **roch** → riechen
der   **Rock**, die Röcke
      ro|deln
      roh
das   **Rohr**, die Rohre
die   **Röh|re**, die Röhren
      rol|len
der   **Roll|schuh**,
      die Rollschuhe
der   **Rol|ler**, die Roller
      ro|sa
die   **Ro|se**, die Rosen
der   **Rost**, die Roste
      ros|ten
      rös|ten
      ros|tig
      rot
      rotz|frech
      rub|beln
die   **Rü|be**, die Rüben
der   **Ruck**, die Rucke
      ruck|ar|tig
der   **Rü|cken**, die Rücken

der   **Ruck|sack**, die Rück-
      säcke
die   **Rück|sicht**
      rück|sichts|los
      rück|wärts
      ru|dern
      ru|fen, sie rief, sie hat
      gerufen
die   **Ru|he**
      ru|hen
      ru|hig
der   **Ruhm**
      rüh|ren
      rülp|sen
      rümp|fen
      rund
die   **Run|de**, die Runden
      run|ter
      run|ter|kom|men, er
      kam runter, er ist runter-
      gekommen
      runz|lig, auch: runzelig
      rup|fen
der   **Rüs|sel**, die Rüssel
      rus|sisch
      Russ|land
die   **Ru|te**, die Ruten
die   **Rut|sche**, die Rutschen

      rut|schen
      rüt|teln

Aa
Bb
Cc
Dd
Ee
Ff
Gg
Hh
Ii
Jj
Kk
Ll
Mm
Nn
Oo
Pp
Qq
Rr
Ss
Tt
Uu
Vv
Ww
Xx
Yy
Zz

Aa
Bb
Cc
Dd
Ee
Ff
Gg
Hh
Ii
Jj
Kk
Ll
Mm
Nn
Oo
Pp
Qq
Rr
Ss
Tt
Uu
Vv
Ww
Xx
Yy
Zz

der **Saal**, die Säle
das **Saar|land**
die **Saat**, die Saaten
die **Sa|che**, die Sachen
sach|lich
Sach|sen
Sach|sen-An|halt
sacht, auch: sachte
der **Sack**, die Säcke
die **Sack|gas|se**, die Sack-gassen
der **Saft**, die Säfte
die **Sa|ge**, die Sagen
die **Sä|ge**, die Sägen
sa|gen

Hier sind verschiedene Begriffe für das Tunwort *sagen*: laut: *schreien, brül-len, rufen* ... leise: *flüstern, wispern, murmeln, zischen* ... normal: *reden, sprechen, erzählen, berichten* ...

säl|gen
die **Sa|ha|ra**
die **Sah|ne**
die **Sah|ne|tor|te**, die Sahnetorten
sah|nig
die **Sai|te**, die Saiten (eines Instruments)

Es gibt nur ganz wenige Wörter, die mit *ai* geschrie-ben werden, wie zum Beispiel: *die Saite, die Taille, die Waise, der Mai, der Hai* und *der Kaiser*. Wenn du dir diese Ausnahmen merkst und sonst mit *ei* schreibst, kannst du nichts falsch machen.

der **Sa|la|man|der**, die Salamander
der **Sa|lat**, die Salate

die **Sa**l**lat**l**schüs**l**sel**, die Salatschüsseln

die **Sal**l**be**, die Salben

der **Sal**l**to**, die Saltos, auch: die Salti

das **Salz**

sall**zen**

sall**zig**

der **Sal**l**ma**l**ri**l**ter**, die Samariter

der **Sal**l**men**, auch: der Same, die Samen

saml**meln**

die **Samm**l**lung**, die Sammlungen

der **Sams**l**tag**, die Samstage

samsl**tags**

der **Samt**

saml**tig**

sämtl**lich**

der **Sand**

die **San**l**da**l**le**, die Sandalen

die **Sand**l**burg**, die Sandburgen

sanl**dig**

sie **sand**l**te** → senden

sanft

sie **sang** → singen

der **Sän**l**ger**, die Sänger

der **Sa**l**ni**l**tä**l**ter**, die Sanitäter

die **Sa**l**ni**l**tä**l**te**l**rin**, die Sanitäterinnen

es **sank** → sinken

der **Sarg**, die Särge

sie **saß** → sitzen

satt

der **Sat**l**tel**, die Sättel

sätl**ti**l**gend**

der **Satz**, die Sätze

der **Satz**l**bau**

das **Satz**l**zei**l**chen**, die Satzzeichen

die **Sau**, die Säue, auch: die Sauen

> Das weibliche Schwein heißt *Sau*, das männliche *Eber* und den Nachwuchs nennt man *Ferkel*.

saul**ber**

die **Sau**l**ber**l**keit**

die **Sau**l**ce**, auch: die Soße, die Saucen

saul**er**

säul**er**l**lich**

das **Sau**l**er**l**kraut**

saul**fen**, er säuft, er soff, er hat gesoffen

saul**gen**, sie sog, sie hat gesogen

säul**gen**

das **Säu**l**ge**l**tier**, die Säugetiere

der **Säug**l**ling**, die Säuglinge

die **Säu**l**le**, die Säulen

Aa
Bb
Cc
Dd
Ee
Ff
Gg
Hh
Ii
Jj
Kk
Ll
Mm
Nn
Oo
Pp
Qq
Rr
Ss
Tt
Uu
Vv
Ww
Xx
Yy
Zz

der **Saum**, die Säume
die **Saulna**, die Saunas, auch: die Saunen
die **Säulre**, die Säuren
der **Saulriler**, die Saurier
säulseln
saulsen
das **Salxolfon**, auch: das Saxophon, die Saxofone
die **S-Bahn**, die S-Bahnen
der **Scanlner**, die Scanner
schalben
der **Schalberlnack**
schällbig
die **Schabllolne, Schalblolne**, die Schablonen
der **Schacht**, die Schächte
die **Schachltel**, die Schachteln
schalde
der **Schalden**, die Schäden
schaldenlfroh
schädllich
das **Schaf**, die Schafe

die **Schäflchenlwollken**
der **Schällfer**, die Schäfer
schafllfen

der **Schafflner**, die Schaffner
der **Schal**, die Schals
die **Schalle**, die Schalen
schällen
der **Schall**
schallldicht
schallllen
er **schalt** → schelten
schalllten
der **Schalllter**, die Schalter
das **Schalltljahr**, die Schalt-jahre
die **Schalltung**, die Schal-tungen
die **Scham**
sich **schällmen**, sie schämt sich
schamlrot
die **Schanlde**
die **Schar**, die Scharen
scharf, schärfer, am schärfsten
die **Schärlfe**
scharflsinlnig
scharlren
der **Schatlten**, die Schatten
schatltig
der **Schatz**, die Schätze
schaulderlhaft
schauldern
schaulen
die **Schaulfel**, die Schaufeln
das **Schaulfenslter**, die Schaufenster
schaulkeln

Vom Tunwort *schaukeln* sind folgende Wörter abgeleitet: die *Schaukel*, der *Schaukel*stuhl, das *Schaukel*pferd, *schauklig* (auch: *schaukelig*)

der **Schaum**, die Schäume
schaulmig
der **Schaulspiel ler**,
die Schauspieler
die **Scheilbe**, die Scheiben
die **Scheildung**,
die Scheidungen
scheilnen, es schien, es hat geschienen
scheiltern
schelllen
der **Schelm**, die Schelme
schellmisch
schellten, er schilt, er schalt, er hat gescholten
der **Schenlkel**, die Schenkel
schenlken
die **Scherlbe**, die Scherben
die **Schelre**, die Scheren
der **Scherz**, die Scherze
der **Scherzlarltilkel**, die Scherzartikel
scherzlhaft
scheu
die **Scheu**
scheulchen

scheulen
das **Scheuler|mit|tel**, die Scheuermittel
scheulern
die **Scheulne**, die Scheunen
das **Scheulsal**, die Scheusale
scheußllich
der **Schi**, die Schier, auch: der Ski, die Skier

die **Schicht**, die Schichten
der **Schicht|wech|sel**, die Schichtwechsel
schick
schilcken
das **Schicklsal**, die Schicksale
schielben, sie schob, sie hat geschoben
der **Schiedslrichlter**, die Schiedsrichter
schief
schief laufen
schiellen
es **schien** → scheinen
das **Schienlbein**, die Schienbeine
die **Schielne**, die Schienen
schießen, sie schoss, sie hat geschossen

Aa
Bb
Cc
Dd
Ee
Ff
Gg
Hh
Ii
Jj
Kk
Ll
Mm
Nn
Oo
Pp
Qq
Rr
Ss
Tt
Uu
Vv
Ww
Xx
Yy
Zz

Aa
Bb
Cc
Dd
Ee
Ff
Gg
Hh
Ii
Jj
Kk
Ll
Mm
Nn
Oo
Pp
Qq
Rr
Ss
Tt
Uu
Vv
Ww
Xx
Yy
Zz

das **Schiff**, die Schiffe
schiff|brü|chig
die **Schiff|fahrt**, die Schiff-
fahrten

> Wenn bei einem zusammen-
> gesetzten Begriff drei glei-
> che Mitlaute aufeinander-
> treffen, werden auch alle
> drei geschrieben.
> Der gleiche Fall tritt
> zum Beispiel bei
> *das Betttuch* auf.

das **Schild**, die
Schilder
schil|dern
das **Schilf**
schil|lern
er **schilt** → schelten
der **Schim|mel**, (die Schim-
mel → weißes Pferd)
schim|me|lig, auch:
schimmlig
schim|meln
schim|mern
der **Schim|pan|se**, die
Schimpansen
schimp|fen
der **Schin|ken**, die Schinken
schip|pen
der **Schirm**, die Schirme
schlab|bern
die **Schlacht**, die Schlachten
schlach|ten
schla|ckern

der **Schlaf**
schla|fen, du schläfst,
du schliefst, du hast ge-
schlafen
schlaff
schläf|rig
schlaf|wan|deln
der **Schlag**, die Schläge
schla|gen, er schlägt, er
schlug, er hat geschlagen
der **Schlä|ger**, die Schläger
die **Schlä|ge|rei**, die Schlä-
gereien
der **Schlamm**
schlam|mig
schlam|pig
er **schlang** → schlingen
die **Schlan|ge**, die Schlan-
gen
sich **schlän|geln**
schlank
schlapp
schlau
der **Schlauch**, die Schläuche
die **Schlau|fe**, die
Schlaufen
schlecht
schle|cken
schlei|chen,
sie schlich, sie
ist geschlichen
der **Schlei|er**, die
Schleier
die **Schlei|fe**, die Schleifen
schlei|fen, sie schliff, sie
hat geschliffen

der **Schleim**
schlei|mig
schlen|dern
schlep|pen
Schles|wig-Hol|stein
schleu|dern
die **Schleu|se**, die Schleu-
sen
sie **schlich** → schleichen
du **schliefst** → schlafen
schlie|ßen, sie schloss,
sie hat geschlossen, es ist
geschlossen
schließ|lich
sie **schliff** → schleifen
schlimm
schlimms|ten|falls
die **Schlin|ge**, die Schlingen
schlin|gen, er schlang,
er hat geschlungen
der **Schlips**, die Schlipse
der **Schlit|ten**, die Schlitten
schlit|tern
der **Schlitt|schuh**,
die Schlittschuhe
der **Schlitz**, die Schlitze
sie **schloss** → schließen
das **Schloss**, die Schlösser
der **Schlot**, die Schlote
schlot|tern
die **Schlucht**, die Schluch-
ten
schluch|zen
der **Schluch|zer**,
die Schluchzer
der **Schluck**, die Schlucke

der **Schluck|auf**
schlu|cken
er **schlug** → schlagen
schlum|mern
schlüp|fen

das **Schlupf|loch**, die
Schlupflöcher
schlur|fen
schlür|fen
der **Schluss**, die Schlüsse

> der Schul*schluss*, der Schul-
> ab*schluss*, das *Schluss*wort,
> der Abgabe*schluss*,
> der *Schluss*pfiff,
> der *Schluss*akkord …

der **Schlüs|sel**, die
Schlüssel
schmäch|tig
schmack|haft
schmal
schmat|zen
schme|cken
schmei|chel|haft
schmei|cheln
schmel|zen, es schmilzt,
es schmolz, es ist ge-
schmolzen
der **Schmerz**, die Schmerzen

Aa
Bb
Cc
Dd
Ee
Ff
Gg
Hh
Ii
Jj
Kk
Ll
Mm
Nn
Oo
Pp
Qq
Rr
Ss
Tt
Uu
Vv
Ww
Xx
Yy
Zz

schmer|zen
schmerz|haft
der **Schmet|ter|ling**,
die Schmetterlinge
schmet|tern
der **Schmied**, die Schmiede
schmie|den
schmie|gen
schmie|ren
der **Schmier|zet|tel**,
die Schmierzettel
schmin|ken
es **schmolz** → schmelzen
der **Schmuck**
schmü|cken
der **Schmutz**
schmut|zig
der **Schna|bel**, die Schnäbel
die **Schna|ke**, die Schnaken
die **Schnal|le**, die Schnallen
schnal|len
schnap|pen
der **Schnaps**, die Schnäpse
die **Schnaps|idee**, die
Schnapsideen
schnar|chen
schnat|tern
schnau|ben
schnau|fen
die **Schnau|ze**, die
Schnauzen
sich **schnäu|zen**, sie
schnäuzt sich
die **Schne|cke**, die Schne-
cken
der **Schnee**

Zur Wortfamilie *Schnee* gehören unter anderen: die *Schnee*flocken, die *Schnee*ballschlacht, der *Schnee*mann, der Tief*schnee*, der Pulver-*schnee*, *schnee*weiß.

schnei|den, sie schnitt,
sie hat geschnitten
der **Schnei|der**, die Schnei-
der
der **Schnei|de|zahn**, die
Schneidezähne
schnei|en
schnell
schnip|pen
das **Schnip|sel**, auch: der
Schnipsel, die Schnip-
sel
der **Schnitt**, die Schnitte
sie **schnitt** →
schneiden
das **Schnit|zel**,
die Schnitzel
schnit|zen
der **Schnor|chel**,
die Schnorchel
schnüf|feln
der **Schnul|ler**, die Schnuller
der **Schnup|fen**, die
Schnupfen
schnup|pern
die **Schnur**, die Schnüre
schnü|ren

schnur|ge|ra|de

der **Schnurr|bart**, die Schnurrbärte

schnur|ren

sie **schob** → schieben

der **Schock**, die Schocks

die **Scho|ko|la|de**, die Schokoladen

schon

schön

die **Schön|heit**, die Schön-heiten

schöp|fen

der **Schöpf|löf|fel**, die Schöpflöffel

der **Schorn|stein|fe|ger**, die Schornsteinfeger

der **Schoß**, die Schöße

sie **schoss** → schießen

schräg

der **Schrank**, die Schränke

die **Schran|ke**, die Schranken

die **Schrau|be**, die Schrauben

der **Schreck**, die Schrecke, auch: der Schrecken, die Schrecken

schreck|haft

schreck|lich

der **Schrei**, die Schreie

schrei|ben, du schriebst, du hast geschrieben

schrei|en, sie schrie, sie hat geschrien

schrei|ten, sie schritt, sie ist geschritten

die **Schrift**, die Schriften

der **Schrift|stel|ler**, die Schriftsteller

der **Schritt**, die Schritte

der **Schrott**

schrub|ben

schrump|fen

die **Schub|la|de**, die Schub-laden

schub|sen

schüch|tern

der **Schuh**, die Schuhe

die **Schuh|soh|le**, die Schuhsohlen

die **Schuld**

schul|dig

die **Schu|le**, die Schulen

der **Schü|ler**, die Schüler

die **Schul|ter**, die Schultern

schum|meln

der **Schup|pen**, die Schup-pen

schup|pig

der **Schuss**, die Schüsse

die **Schüs|sel**, die Schüs-seln

der **Schus|ter**, die Schuster

schüt|teln

schüt|ten

Aa
Bb
Cc
Dd
Ee
Ff
Gg
Hh
Ii
Jj
Kk
Ll
Mm
Nn
Oo
Pp
Qq
Rr
Ss
Tt
Uu
Vv
Ww
Xx
Yy
Zz

der **Schutz**
schüt|zen
schwach, schwächer, am schwächsten
der **Schwamm**, die Schwäm-me
sie **schwamm** → schwimmen
der **Schwan**, die Schwäne
schwan|ger
schwan|ken
der **Schwanz**, die Schwänze
schwän|zen
der **Schwarm**, die Schwärme
schwär|men
schwarz
schwät|zen
schwe|ben
Schwe|den
schwe|disch
schwei|gen, er schwieg, er hat geschwiegen
das **Schwein**, die Schweine
der **Schweiß**
die **Schweiz**
schwei|ze|risch
die **Schwel|le**, die Schwel-len
schwen|ken
schwer
schwer|fäl|lig
das **Schwert**, die Schwerter
die **Schwes|ter**, die Schwestern
du **schwiegst** → schweigen

schwie|rig
die **Schwie|rig|keit**, die Schwierigkeiten
schwim|men, sie schwamm, sie ist ge-schwommen
der **Schwin|del**
schwin|de|lig, auch: schwindlig
schwin|deln
schwin|gen
schwit|zen
schwö|ren
schwül
der **Schwung**, die Schwünge
schwung|voll
der **Schwur**, die Schwüre
sechs
sech|zig
der **See**, die Seen
die **See|le**, die Seelen
das **Se|gel**, die Segel
se|geln
das **Se|gel|schiff**, die Segel-schiffe
seg|nen
se|hen, du siehst, du sahst, du hast gesehen
se|hens|wert
sich **seh|nen**
die **Sehn|sucht**, die Sehn-süchte
sehr

se .... se, sh, si ....

die **Sei|de**
die **Sei|fe**, die Seifen
das **Seil**, die Seile
das **Seil|sprin|gen**
sein

> *ich* bin/war/bin gewesen
> *du* bist/warst/bist gewesen
> *er/sie/es* ist/war/ist gewesen
> *wir* sind/waren/sind gewesen
> *ihr* seid/wart/seid gewesen
> *sie* sind/waren/sind gewesen

sein, seiner, seine, seines
seit
die **Sei|te** (Buchseite), die Seiten
seit|lich
die **Se|kre|tä|rin**, die Sekre-tärinnen
die **Se|kun|de**, die Sekun-den
sel|ber
selbst
selbst|be|wusst
selbst|stän|dig, auch: selbständig
das **Selbst|ver|trau|en**
selbst|ver|ständ|lich
se|lig
sel|ten
selt|sam
die **Sem|mel**, die Semmeln
sen|den, sie sandte, auch: sendete, sie hat gesendet

die **Sen|dung**, die Sendungen
der **Senf**
senk|recht
die **Sen|sa|ti|on**, die Sensationen
der **Sep|tem|ber**
die **Se|rie**, die Serien
ser|vie|ren
die **Ser|vi|et|te**, die Servietten
Ser|vus!
der **Ses|sel**, die Sessel
set|zen
seuf|zen
das **Sham|poo**, auch: das Shampoon, die Shampoos
der **She|riff**, die Sheriffs
die **Show**, die Shows
sich
si|cher
die **Si|cher|heit**, die Sicher-heiten
die **Sicht**
sicht|bar
si|ckern
sie
das **Sieb**, die Siebe
sie|ben
sieb|zig
der **Sieg**, die Siege
sie|gen
der **Sie|ger**, die Sieger
sie|ges|si|cher
du **siehst** → sehen
sie|zen

Der rechte Arm zeigt senkrecht nach oben.

Aa
Bb
Cc
Dd
Ee
Ff
Gg
Hh
Ii
Jj
Kk
Ll
Mm
Nn
Oo
Pp
Qq
Rr
Ss
Tt
Uu
Vv
Ww
Xx
Yy
Zz

Aa
Bb
Cc
Dd
Ee
Ff
Gg
Hh
Ii
Jj
Kk
Ll
Mm
Nn
Oo
Pp
Qq
Rr
Ss
Tt
Uu
Vv
Ww
Xx
Yy
Zz

die **Sil|be**, die Silben
das **Sil|ber**
sil|bern
das **Sil|ves|ter**, die Silvester
sie **sind** → sein
sin|gen, sie sang, sie hat gesungen
der **Sin|gu|lar**
sin|ken, es sank, es ist gesunken
der **Sinn**, die Sinne
die **Sint|flut**
die **Sip|pe**, die Sippen
die **Si|re|ne**, die Sirenen
die **Sit|te**, die Sitten
sit|zen, sie saß, sie hat gesessen
das **Skate|board**, die Skate-boards
das **Ske|lett**, die Skelette
der **Ski**, auch: Schi, die Skier

die **Skiz|ze**, die Skizzen
skiz|zie|ren
der **Skla|ve**, die Sklaven
der **Smog**
das **Snow|board**, die Snow-boards
so

so|bald
die **So|cke**, auch: der Socken, die Socken
so|dass, auch: so dass
so|eben
das **So|fa**, die Sofas

er **soff** → saufen
so|fort
sie **sog** → saugen
so|gar
die **Soh|le**, die Sohlen
der **Sohn**, die Söhne
solch
der **Sol|dat**, die Soldaten
sol|len
der **Som|mer**, die Sommer
son|der|bar
son|dern
sonn|abends
die **Son|ne**
son|nig
der **Sonn|tag**, die Sonntage
sonn|tags
sonst
die **Sor|ge**, die Sorgen
sorg|fäl|tig
sorg|los
die **Sor|te**, die Sorten
die **So|ße**, auch: die Sauce, die Soßen
so|viel (ich weiß ...)

so|weit (ich weiß ...)

so|wie|so

so|wohl

so|zi|al

der Spa|gat, auch: das Spa-gat, die Spagate

die Spa|ghet|ti, auch: die Spagetti

> Wie du am Beispiel von *Spagetti* sehen kannst, gibt es Wörter mit verschiedenen Schreibmöglichkeiten. Es ist zum Beispiel auch erlaubt, *Spaghetti* mit *h* zu schreiben.

spä|hen

der Spalt, die Spalte

spal|ten

die Span|ge, die Spangen

Spa|ni|en

spa|nisch

span|nend

die Span|nung

spa|ren

der Spar|gel

der Spaß, die Späße

spa|ßen

spa|ßig

spät

spä|tes|tens

der Spa|ten, die Spaten

der Spatz, die Spatzen

der Spa|zier|gang, die Spaziergänge

spa|zie|ren ge|hen, du gehst spazieren → gehen

der Specht, die Spechte

der Speck

die Spei|che, die Speichen

der Spei|chel

der Spei|cher, die Speicher

spei|chern

spei|en

die Spei|se, die Speisen

die Spen|de, die Spenden

spen|den

sper|ren

spe|zi|ell

spi|cken

der Spie|gel, die Spiegel

spie|geln

spie|len

> Auch das Tunwort *spielen* hat eine ziemlich große Wortfamilie: das *Spiel*, der *Spiel*platz, das *Spiel*feld, das Karten*spiel*, die *Spiel*sachen ...

der Spi|nat

die Spin|ne, die Spinnen

spin|nen

spi|o|nie|ren

spitz

die Spit|ze, die Spitzen

spit|zen

Aa Bb Cc Dd Ee Ff Gg Hh Ii Jj Kk Ll Mm Nn Oo Pp Qq Rr Ss Tt Uu Vv Ww Xx Yy Zz

Aa
Bb
Cc
Dd
Ee
Ff
Gg
Hh
Ii
Jj
Kk
Ll
Mm
Nn
Oo
Pp
Qq
Rr
Ss
Tt
Uu
Vv
Ww
Xx
Yy
Zz

der **Split|ter**, die Splitter

der **Sport**

der **Sport|ler**, die Sportler

der **Spott**

spot|ten

sie **sprach** → sprechen

die **Spra|che**, die Sprachen

sprach|los

ich **sprang** → springen

spre|chen, sie spricht, sie sprach, sie hat gesprochen

spren|gen

sprie|ßen, es spross, es ist gesprossen

sprin|gen, ich sprang, ich bin gesprungen

sprit|zen

die **Spritz|pis|to|le**, die Spritzpistolen

der **Spross**, die Sprosse

es **spross** → sprießen

die **Spros|se**, die Sprossen (einer Leiter)

der **Spruch**, die Sprüche

der **Spru|del**

spru|deln

sprü|hen

der **Sprung**, die Sprünge

spu|cken

der **Spuk**

spu|ken

spü|len

die **Spur**, die Spuren

spür|bar

spü|ren

die **Spür|na|se**, die Spürna-sen

spur|ten

sich **spu|ten**, er sputet sich

der **Staat**, die Staaten

der **Stab**, die Stäbe

sie **stach** → stechen

der **Sta|chel**, die Stacheln

stach|lig, auch: stachelig

das **Sta|di|on**, die Stadien

die **Stadt**, die Städte

der **Stadt|bum|mel**

sie **stahl** → stehlen

der **Stahl**

der **Stall**, die Ställe

der **Stamm**, die Stämme

stam|meln

stäm|mig

stamp|fen

sie **stand** → stehen

der **Stand**, die Stände

stand|haft

stän|dig

die **Stan|ge**, die Stangen

der **Stän|gel**, die Stängel

es **stank** → stinken

der **Sta|pel**, die Stapel

	sta|peln	der	**Stein**, die Steine
sie	**starb** → sterben		**stei|nig**
	stark, stärker, am stärks-	die	**Stein|zeit**
	ten		
	stär|ken		
	starr		
	star|ren		
	starr|köp|fig		
der	**Start**, die Starts		
	star|ten		
die	**Sta|ti|on**, die Stati-		
	onen	die	**Stel|le**, die Stellen
	statt		**stel|len**
	statt|des|sen	der	**Stel|zen|läu|fer**, die
	statt|fin|den, es findet		Stelzenläufer
	statt → finden		**stem|men**
	statt|lich	der	**Stem|pel**, die Stempel
die	**Sta|tue**, die Statuen		**stem|peln**
der	**Staub**		**ster|ben**, sie stirbt, sie
	staub|sau|gen,		starb, sie ist gestorben
	auch: Staub saugen	der	**Stern**, die
	stau|nen		Sterne
	ste|chen, sie sticht,	die	**Stern|schnup|pe**,
	sie stach, sie hat ge-		die Sternschnuppen
	stochen		**stets**
	ste|cken	das	**Steu|er**, die Steuer
der	**Steg**, die Stege		(eines Autos)
	ste|hen, sie stand, sie	die	**Steu|er**, die Steuern
	hat gestanden		(Geld)
	steh|len, sie stiehlt,		**steu|ern**
	sie stahl, sie hat ge-		**sti|bit|zen**
	stohlen	der	**Stich**, die Stiche
	steif		**sti|cheln**
	stei|gen, er stieg, er ist	sie	**sticht** → stechen
	gestiegen		**sti|cken**
	steil		**sti|ckig**

Aa
Bb
Cc
Dd
Ee
Ff
Gg
Hh
Ii
Jj
Kk
Ll
Mm
Nn
Oo
Pp
Qq
Rr
Ss
Tt
Uu
Vv
Ww
Xx
Yy
Zz

der **Stie|fel**, die Stiefel
stie|feln
er **stieg** → steigen
der **Stiel**, die Stiele
der **Stier**, die Stiere
er **stieß** → stoßen
der **Stift**, die Stifte
still
die **Stim|me**, die Stimmen
stim|men
die **Stim|mung**, die Stimmungen
stin|ken, es stank, es hat gestunken
die **Stirn**, die Stirnen
stö|bern
der **Stoff**, die Stoffe
stöh|nen
stol|pern
stop|fen
der **Stopp**, die Stopps
das **Stopp|schild**, die Stoppschilder
der **Stöp|sel**, die Stöpsel
der **Storch**, die Störche
stö|ren
stör|risch
sto|ßen, er stößt, er stieß, er hat gestoßen
stot|tern
die **Stra|fe**, die Strafen
stra|fen
straff

straf|los
strah|len
die **Sträh|ne**, die Strähnen
stramm
stram|peln
der **Strand**, die Strände
die **Stra|ße**, die Straßen
sich **sträu|ben**, er sträubt sich
der **Strauch**, die Sträucher
der **Strauß**

> Das Wort *Strauß* hat zwei unterschiedliche Bedeutungen: 1. ein Strauß mit Blumen; Mehrzahl: *die Sträuße*, 2. die Vogelart Strauß; Mehrzahl: *die Strauße*.

der **Stre|ber**, die Streber
stre|cken
der **Streich**, die Streiche
strei|cheln
der **Strei|fen**, die Streifen
der **Streit**, die Streite
strei|ten, sie stritten, sie haben gestritten

streng
der **Stress**
streu|en

der **Strich**, die Striche
der **Strick**, die Stricke
 stri|cken
sie **strit|ten** → streiten
das **Stroh**
der **Strolch**, die Strolche
der **Strom** (Elektrizität)
der **Strom**, die Ströme (Fluss)
 strö|men
die **Strö|mung**, die Strö-mungen
die **Stro|phe**, die Strophen
der **Strumpf**, die Strümpfe
 strup|pig
die **Stu|be**, die Stuben
das **Stück**, die Stücke
 stu|die|ren
die **Stu|fe**, die Stufen
der **Stuhl**, die Stühle
 stumm
 stumpf
die **Stun|de**, die Stunden, kurz: h
 stun|den|lang
der **Stun|den|plan**, die Stundenpläne
 stünd|lich
 stup|sen
die **Stups|na|se**, die Stups-nasen
 stur
der **Sturm**, die Stürme
 stür|men
 stür|misch
 stür|zen
die **Stu|te**, die Stuten

> Das weibliche Pferd nennt man *Stute*, das männliche Pferd *Hengst*. Das Pferdekind heißt *Fohlen*.

 stüt|zen
 stut|zig
das **Sub|stan|tiv**, die Sub-stantive
 sub|tra|hie|ren
 su|chen
 süch|tig
der **Sü|den**
 süd|lich
die **Sum|me**, die Summen
 sum|men
der **Sumpf**, die Sümpfe
 sump|fig
die **Sün|de**, die Sünden
 su|per
der **Su|per|markt**, die Su-permärkte
die **Sup|pe**, die Suppen
 sur|fen
 süß
die **Sü|ßig|keit**, die Süßig-keiten

 sym|pa|thisch
die **Sy|na|go|ge**, die Syna-gogen
die **Sze|ne**, die Szenen

Aa
Bb
Cc
Dd
Ee
Ff
Gg
Hh
Ii
Jj
Kk
Ll
Mm
Nn
Oo
Pp
Qq
Rr
Ss
Tt
Uu
Vv
Ww
Xx
Yy
Zz

Aa
Bb
Cc
Dd
Ee
Ff
Gg
Hh
Ii
Jj
Kk
Ll
Mm
Nn
Oo
Pp
Qq
Rr
Ss
Tt
Uu
Vv
Ww
Xx
Yy
Zz

die **Ta|bel|le**, die Tabellen

das **Tab|lett**, **Ta|blett**, die Tabletts, auch: die Tablette

die **Ta|blet|te**, **Tab|let|te**, die Tabletten

ta|del|los

ta|deln

die **Ta|fel**, die Tafeln

der **Tag**, die Tage

ta|ge|lang

täg|lich

tags|über

die **Tail|le**, die Taillen

der **Takt**, die Takte

das **Tal**, die Täler

das **Ta|lent**, die Talente

das **Tan|dem**, die Tandems

tan|ken

die **Tank|stel|le**, die Tank- stellen

die **Tan|ne**, die Tannen

der **Tan|nen|zap|fen**, die Tannenzapfen

die **Tan|te**, die Tanten

der **Tanz**, die Tänze

tan|zen

die **Ta|pe|te**, die Tapeten

tap|fer

tap|pen

tap|sig

die **Ta|sche**, die Taschen

das **Ta|schen|geld**

die **Tas|se**, die Tassen

die **Tas|ta|tur**, die Tastaturen

die **Tas|te**, die Tasten

tas|ten

er **tat** → tun

die **Tat**, die Taten

tat|kräf|tig

die **Tat|sa|che**, die Tatsa- chen

tat|säch|lich

das **Tat|too**, die Tattoos

die **Tat|ze**, die Tatzen

taub

die **Tau|be**, die Tauben

tau|ben|blau

taub|stumm

tau|chen
die **Tau|fe**, die Taufen
tau|gen
tau|schen
täu|schen
tau|send

> Hier musst du gut auf die Groß- und Kleinschreibung achten: Meine kleine Schwester kann schon *bis tausend* zählen. Auf dem Platz vor dem Rathaus warteten *tausende* (auch: *Tausende*) von Menschen. Das Buch hat *zweitausend* Seiten.

der **Tau|trop|fen**, die Tautropfen
das **Ta|xi**, die Taxis, auch: die Taxe, die Taxen
das **Team**, die Teams
die **Tech|nik**, die Techniken
tech|nisch
der **Ted|dy**, die Teddys
der **Ted|dy|bär**, die Teddybären
der **Tee**, die Tees
der **Tee|na|ger**, die Teenager
der **Teer**
der **Teich**, die Teiche
der **Teig**, die Teige
tei|gig
der **Teil**, die Teile

teil|bar
teil|len
die **Teil|nah|me**, die Teilnahmen
teil|neh|men, er nimmt teil
teil|nahms|los
der **Teil|neh|mer**, die Teilnehmer
teil|wei|se
das **Te|le|fon**, die Telefone
te|le|fo|nie|ren
die **Te|le|fon|zel|le**, die Telefonzellen
der **Tel|ler**, die Teller
der **Tem|pel**, die Tempel
die **Tem|pe|ra|tur**, die Temperaturen
das **Tem|po**
das **Ten|nis**
der **Tep|pich**, die Teppiche
das **Ter|ra|ri|um**, die Terrarien
die **Ter|ras|se**, die Terrassen
der **Ter|ro|rist**, die Terroristen
der **Test**, die Tests
tes|ten
teu|er
der **Teu|fel**, die Teufel
teuf|lisch
der **Text**, die Texte

Aa
Bb
Cc
Dd
Ee
Ff
Gg
Hh
Ii
Jj
Kk
Ll
Mm
Nn
Oo
Pp
Qq
Rr
Ss
Tt
Uu
Vv
Ww
Xx
Yy
Zz

Aa
Bb
Cc
Dd
Ee
Ff
Gg
Hh
Ii
Jj
Kk
Ll
Mm
Nn
Oo
Pp
Qq
Rr
Ss
Tt
Uu
Vv
Ww
Xx
Yy
Zz

das **The|a|ter**, die Theater
the|o|re|tisch
das **Ther|mo|me|ter**, die Thermometer
Thü|rin|gen
ti|cken
tief
die **Tie|fe**, die Tiefen
tief|ge|kühlt
das **Tier**, die Tiere
tier|lieb
der **Tier|schutz**
der **Ti|ger**, die Tiger
die **Tin|te**
der **Tipp**, die Tipps
tip|pen
Ti|rol
der **Tisch**, die Tische
die **Tisch|ma|nie|ren**
der **Ti|tel**, die Titel
die **Toch|ter**, die Töchter
der **Tod**, die Tode
töd|lich
das **To|hu|wa|bo|hu**
die **To|il|let|te**, die Toiletten
toll
toll|pat|schig
die **Toll|wut**
die **To|ma|te**, die Tomaten
die **Tom|bo|la**, die Tombolas
der **Ton**, die Töne
tö|nen
die **Ton|ne**, die Tonnen
ton|nen|wei|se

die **Tö|nung**, die Tönungen
der **Topf**, die Töpfe
töp|fern
top|fit
das **Tor**, die Tore
tö|richt
tor|keln
die **Tor|te**, die Torten
der **Tor|wart**, die Torwarte
tot → der Tod

> Bei diesem Tunwort musst du dir das zweite *t* gut einprägen, da man ja das Namenwort (*der Tod*) hinten mit *d* schreibt. Weitere Wörter aus dieser Familie sind: *toten*bleich, *sich tot*lachen, *töten*; aber: *tod*bleich, *tod*ernst, *tod*müde …

der **Tou|rist**, die Touristen
tra|ben
die **Tracht**, die Trachten
träch|tig
er **traf** → treffen
trä|ge, auch: träg
tra|gen, du trägst, du trugst, du hast getragen
trai|nie|ren
das **Trai|ning**, die Trainings
der **Trak|tor**, die Traktoren
träl|lern
die **Tram|bahn**, die Trambahnen

	tram|peln
das	**Tram|po|lin**, die Trampoline
die	**Trä|ne**, die Tränen
	trä|nen
du	**trankst** → trinken
	trans|por|tie|ren
er	**trat** → treten
	trat|schen
die	**Trau|be**, die Trauben
sich	**trau|en**, sie hat sich getraut
die	**Trau|er**
	trau|ern
der	**Traum**, die Träume
	träu|men
	träu|me|risch
	traum|haft
	trau|rig
die	**Trau|rig|keit**
die	**Trau|ung**, die Trauungen
der	**Tre|cker**, die Trecker
	tref|fen, er trifft, er traf, er hat getroffen
der	**Tref|fer**, die Treffer
der	**Treff|punkt**, die Treffpunkte
	trei|ben, sie trieb, sie hat getrieben
	tren|nen
die	**Trep|pe**, die Treppen
	trepp|auf, **trepp|ab**

der	**Tre|sor**, die Tresore
das	**Tret|boot**, die Tretboote
	tre|ten, er trat, er ist/hat getreten
	treu
	treu|her|zig
die	**Tri|an|gel**, die Triangeln
die	**Tri|bü|ne**, die Tribünen
der	**Trich|ter**, die Trichter
der	**Trick**, die Tricks
sie	**trieb** → treiben
er	**trifft** → treffen
das	**Tri|kot**, die Trikots
die	**Tril|ler|pfei|fe**, die Trillerpfeifen
	trink|bar
	trin|ken, du trankst, du hast getrunken
das	**Trink|was|ser**
	trip|peln
	trist
der	**Tritt**, die Tritte
	tro|cken
	trock|nen
	trö|deln
der	**Troll**, die Trolle
die	**Trom|mel**, die Trommeln

> Wörter mit *Trommel*: das *Trommel*fell, der *Trommel*wirbel, der *Trommler*, die *Trommlerin* …

trom\|meln, ich trommle, auch: ich trommele

die **Trom|pe|te**, die Trom-
peten

tröpf|chen|wei|se

trop|fen

der **Trop|fen**, die
Tropfen

die **Tropf|stein|höh|le**,
die Tropfsteinhöhlen

tro|pisch

trös|ten

tröst|lich

die **Trö|te**, die Tröten

der **Trot|tel**, die Trottel

trot|ten

trotz

trotz|dem

trot|zig

trüb, auch: trübe

trüb|se|lig

du **trugst** → tragen

die **Tru|he**, die Truhen

der **Trüm|mer|hau|fen**,
die Trümmerhaufen

der **Trumpf**, die Trümpfe

die **Trup|pe**, die Truppen

Tschüss! auch: Tschüs!

das **T-Shirt**, die T-Shirts

die **Tu|ba**, die Tuben

die **Tu|be**, die Tuben

das **Tuch**, die Tücher

tüch|tig

tu|ckern

tü|ckisch

tüf|teln

die **Tul|pe**, die Tulpen

der **Tu|mult**, die Tumulte

tun

Gegenwart: *ich tue, du tust,
er/sie/es tut, wir tun,
ihr tut, sie tun.*
1. Vergangenheit: *ich tat,
du tatest, er/sie/es tat, wir
taten, ihr tatet, sie taten.*
2. Vergangenheit: *ich habe
getan, du hast getan ...*

der **Tun|nel**, die Tunnel,
auch: die Tunnels

das **Tüp|fel|chen**, die Tüp-
felchen

die **Tür**, die
Türen

die **Tür|kei**

tür|kisch

der **Turm**, die
Türme

tur|nen

das **Tur|nier**, die Turniere

der **Turn|ver|ein**,
die Turnvereine

die **Tu|sche**, die Tuschen

tu|scheln

du **tust** → tun

die **Tü|te**, die Tüten

ty|pisch

die **U-Bahn**, die U-Bahnen
übel
die **Übel|keit**
üben
über
über|all
der **Über|blick**
über|fal|len
über|flüs|sig
über|for|dern
über|füllt
(sich) **über|ge|ben,** er über-
gibt (sich) → geben
über|häu|fen
über|haupt
über|heb|lich
über|ho|len
über|hö|ren
über|le|ben
über|le|gen
über|mor|gen
über|mü|tig
über|que|ren
über|ra|schen

die **Über|ra|schung**, die
Überraschungen
üb|rig
üb|ri|gens
die **Übung**, die Übungen
das **Ufer**, die Ufer
die **Uhr**, die Uhren
der **Uhu**, die Uhus
ul|kig
um
um|ar|men
um|blät|tern,
sie blättert um
um|fal|len,
er fällt um → fallen
um|her
der **Um|schlag**, die Um-
schläge
um|sich|tig
um|so
um|sonst
der **Um|weg**, die Um-
wege
um|welt|schäd|lich

Aa
Bb
Cc
Dd
Ee
Ff
Gg
Hh
Ii
Jj
Kk
Ll
Mm
Nn
Oo
Pp
Qq
Rr
Ss
Tt
Uu
Vv
Ww
Xx
Yy
Zz

der **Um|welt|schutz**
die **Um|welt|ver|schmut|**
zung
um|wer|fen, er wirft um
→ werfen
um|zie|hen, er zog um,
er ist umgezogen
der **Um|zug**, die Umzüge
un|ab|hän|gig
un|aus|steh|lich
un|be|dingt
un|be|quem
un|be|weg|lich
und
un|end|lich
un|ent|schie|den
un|er|müd|lich
un|er|träg|lich
un|fä|hig
un|fair
der **Un|fall**, die Unfälle
un|fass|bar
die **Un|ge|duld**
un|ge|fähr
das **Un|ge|heu|er**, die
Ungeheuer
un|ge|ra|de
un|ge|recht
un|gern
un|ge|schickt
un|ge|sund
un|ge|wöhn|lich
das **Un|ge|zie|fer**
un|ge|zo|gen
un|glaub|lich
das **Un|glück**, die Unglücke

un|glück|lich
un|gül|tig
das **Un|heil**
un|heil|bar
un|heim|lich
die **Uni|form**,
die Uniformen
un|klar
das **Un|kraut**
un|mög|lich
uns
un|schul|dig
un|ser, unsere, unseres
der **Un|sinn**
un|ten
un|ter
der **Un|ter|richt**
un|ter|rich|ten
un|ter|schei|den, er
unterschied, er hat unter-
schieden
der **Un|ter|schied**, die Un-
terschiede
un|ter|schied|lich
un|ver|schämt
un|zäh|lig
die **Ur|groß|el|tern**
der **Ur|laub**
der **Ur|wald**, die Urwälder
die **USA**

USA ist eine Abkürzung für
United States of America,
auf Deutsch: *Vereinigte*
Staaten von Amerika.

der **Vam|pir**, die Vampire

die **Va|nil|le**

das **Va|nil|le|eis**

die **Va|se**, die Vasen

der **Va|ter**, die Väter
vä|ter|lich

der **Ve|ge|ta|ri|er**, die Vege-
tarier

das **Veil|chen**, die Veilchen
veil|chen|blau

die **Ve|ne**, die Venen

das **Ven|til**, die Ventile

sich **ver|ab|re|den**, er verab-
redet sich

sich **ver|ab|schie|den**, sie
verabschiedet sich
ver|ach|ten

die **Ve|ran|da**, die Veranden
ver|än|dern
ver|an|stal|ten
ver|ant|wort|lich

die **Ver|ant|wor|tung**,
die Verantwortungen
ver|är|gern

das **Verb**, die Verben

der **Ver|band**, die Ver-
bände
ver|ber|gen, er verbirgt,
er verbarg, er hat ver-
borgen
ver|bes|sern
ver|beu|gen

die **Ver|beu|gung**, die Ver-
beugungen
ver|bie|ten, er verbot,
er hat verboten
ver|blüf|fen
ver|blüf|fend

er **ver|bot** → verbieten

das **Ver|bot**, die Verbote
ver|bo|te|ner|wei|se
ver|brau|chen

der **Ver|bre|cher**,
die Verbrecher
ver|bre|che|risch
ver|brei|ten
ver|bren|nen →
brennen

Aa
Bb
Cc
Dd
Ee
Ff
Gg
Hh
Ii
Jj
Kk
Ll
Mm
Nn
Oo
Pp
Qq
Rr
Ss
Tt
Uu
Vv
Ww
Xx
Yy
Zz

Aa
Bb
Cc
Dd
Ee
Ff
Gg
Hh
Ii
Jj
Kk
Ll
Mm
Nn
Oo
Pp
Qq
Rr
Ss
Tt
Uu
Vv
Ww
Xx
Yy
Zz

die **Ver|bren|nung**, die Ver-
brennungen
ver|brü|dern
der **Ver|dacht**, die Verdachte
ver|däch|tig
ver|däch|ti|gen
ver|dat|tert
ver|dau|en
ver|de|cken
ver|der|ben, sie verdirbt,
sie verdarb, sie hat ver-
dorben, es ist verdorben
ver|die|nen
ver|dien|ter|wei|se
ver|don|nern
ver|dop|peln
ver|dun|keln
ver|duns|ten
ver|dutzt
ver|eh|ren
der **Ver|ein**, die Vereine
ver|ei|nen
ver|flixt
ver|fol|gen

die **Ver|fol|gungs|jagd**,
die Verfolgungsjagden
ver|fres|sen
sie **ver|gab** → vergeben

die **Ver|gan|gen|heit**, die
Vergangenheiten
sie **ver|gaß** → vergessen
ver|ge|ben, sie vergibt,
sie vergab, sie hat ver-
geben
ver|geb|lich
ver|ges|sen, sie ver-
gisst, sie vergaß, sie hat
vergessen
die **Ver|gess|lich|keit**
ver|gif|ten
das **Ver|giss|mein|nicht**
ver|glei|chen, sie
verglich, sie hat ver-
glichen
das **Ver|gnü|gen**
ver|gnügt
ver|göt|tern
ver|grau|len
ver|haf|ten
sich **ver|hal|ten**
das **Ver|hal|ten**
ver|han|deln
ver|häng|nis|voll
ver|hau|en
ver|hei|ra|tet
ver|hext
ver|hin|dern
das **Ver|hör**, die Verhöre
ver|kau|fen
der **Ver|käu|fer**, die Ver-
käufer
der **Ver|kehr**
ver|kehrs|si|cher
ver|kehrt

ver|klei|den
die **Ver|klei|dung**, die Ver-
kleidungen

ver|lan|gen
ver|las|sen
sich **ver|lau|fen**, sie verläuft
sich → laufen
die **Ver|le|gen|heit**
ver|lei|hen, sie verlieh,
sie hat verliehen
ver|let|zen
die **Ver|let|zung**,
die Verletzungen
ver|liebt
ver|lie|ren, er verlor, er
hat verloren
sich **ver|lo|ben**, sie verlobt
sich
der **Ver|lust**, die Verluste
ver|mis|sen
ver|nünf|tig
ver|pa|cken
die **Ver|pa|ckung**, die Ver-
packungen
ver|pas|sen
ver|pet|zen

der **Ver|rat**
ver|ra|ten, ich verriet,
ich habe verraten
der **Ver|rä|ter**, die Ver-
räter
ver|rech|nen
ver|rei|sen
ich **ver|riet** → verraten
ver|ros|ten
ver|rückt
der **Vers**, die Verse
der **Ver|sa|ger**, die Ver-
sager
die **Ver|samm|lung**, die
Versammlungen
ver|säu|men
ver|schie|den
ver|schla|fen
ver|schlie|ßen
ver|schmut|zen
die **Ver|schmut|zung**,
die Verschmutzungen
ver|schnupft
ver|schrot|ten
ver|schrum|pelt
die **Ver|schwen|dung**, die
Verschwendungen
ver|schwin|den, er
verschwand, er ist ver-
schwunden
sich **ver|söh|nen**, sie versöh-
nen sich
sich **ver|spä|ten**, er ver-
spätet sich
ver|spä|tet
ver|spielt

Aa
Bb
Cc
Dd
Ee
Ff
Gg
Hh
Ii
Jj
Kk
Ll
Mm
Nn
Oo
Pp
Qq
Rr
Ss
Tt
Uu
Vv
Ww
Xx
Yy
Zz

das **Ver|spre|chen**, die Ver-
sprechen
ver|ständ|lich
das **Ver|steck**, die Verstecke
sich **ver|ste|cken**

ver|ste|hen, sie ver-
stand, sie hat verstanden
ver|su|chen
ver|tei|len
sich **ver|tra|gen**, du verträgst
dich → tragen
das **Ver|trau|en**
ver|waist
die **Ver|wal|tung**, die Ver-
waltungen
ver|wan|deln
ver|wandt
der **Ver|wand|te**, die Ver-
wandten
die **Ver|wandt|schaft**, die
Verwandtschaften
die **Ver|wechs|lung**, die
Verwechslungen
ver|wen|den
ver|wir|ren
ver|wöh|nen
ver|wun|schen
ver|wün|schen

ver|zau|bert
ver|zei|hen, sie verzieh,
sie hat verziehen
ver|zich|ten
ver|zwei|felt
die **Ver|zweif|lung**
ver|zwickt
die **Ves|per**
der **Vet|ter**, die Vettern
das **Vi|deo**, die Videos
das **Vieh**
viel, mehr, am meisten
viel|fach
viel|leicht
vier
vier|zig
die **Vil|la**, die
Villen
vi|o|lett
die **Vi|o|li|ne**, die Violinen
das **Vi|ta|min**, die Vitamine
der **Vo|gel**, die Vögel

Hier findest du noch ein
paar zusammengesetzte
Begriffe mit dem Wort
Vogel: die *Vogel*beere, das
*Vogel*haus, der *Vogel*käfig,
der *Vogel*schwarm,
das *Vogel*gezwitscher,
der Spaß*vogel* ...

das **Volk**, die Völker
voll
voll|ge|stopft
völ|lig

voll|kom|men

der Voll|mond

voll|stän|dig

vom

von

vor

vo|ran, vor|an

vo|raus, vor|aus

im Vo|raus, im Vor|aus

vor|bei

vor|bei|kom|men, er kommt vorbei → kommen

vor|be|rei|ten, sie bereitet vor

vor|beu|gen

das Vor|bild, die Vorbilder

vor|bild|lich

vor|ei|lig

die Vor|fahrt

die Vor|freu|de

vor|füh|ren

die Vor|füh|rung, die Vorführungen

vor|ge|hen → gehen

vor|ges|tern

der Vor|hang, die Vorhänge

vor|her

vor|hin

vor|läu|fig

vor|laut

vor|le|sen, sie liest vor, sie las vor, sie hat vorgelesen

der Vor|le|se|wett|be|werb, die Vorlesewettbewerbe

der Vor|mit|tag, die Vormittage

vor|mit|tags

vorn

der Vor|na|me, die Vornamen

vor|nehm

der Vor|rat, die Vorräte

der Vor|rats|schrank, die Vorratsschränke

vor|sätz|lich

der Vor|schlag, die Vorschläge

vor|schla|gen, du schlägst vor, du schlugst vor, du hast vorgeschlagen

die Vor|sicht

vor|sich|tig

der Vor|sprung, die Vorsprünge

vor|stell|bar

vor|über

vor|wärts

der Vor|wurf, die Vorwürfe

vor|zei|tig

der Vul|kan, die Vulkane

W

die	**Waa|ge**, die Waagen		die	**Wahl**, die Wahlen
	waa|ge|recht, auch:			**wäh|len**
	waagrecht			**wahr**
die	**Wa|be**, die Waben			**wäh|rend**
	wach		die	**Wahr|heit**, die Wahr-heiten
der	**Wach|hund**, die Wachhunde			**wahr|sa|gen**
	wach|sen, er wuchs, er ist gewachsen			**wahr|schein|lich**
	wa|cke|lig, auch: wacklig		die	**Wai|se**, die Waisen
	wa|ckeln		der	**Wal**, die Wale
die	**Wa|de**, die Waden		der	**Wald**, die Wälder
die	**Waf|fe**, die Waffen		die	**Wall|nuss**, die Wal-nüsse
die	**Waf|fel**, die Waffeln		das	**Wall|ross**, die Walrosse
				wäl|zen

			die	**Wand**, die Wände
				wan|dern
	wa|ge|mu|tig		die	**Wan|ge**, die Wangen
	wa|gen			**wann**
der	**Wa|gen**, die Wagen		die	**Wan|ne**, die Wannen
der	**Wag|gon**, auch: Wagon, die Waggons		die	**Wan|ze**, die Wanzen
			sie	**war** → sein
			es	**wä|re** → sein
			sie	**warf** → werfen

warm, wärmer, am wärmsten

die **Wär|me**

(sich) **wär|men**

warm|her|zig

war|nen

war|ten

das **War|te|zim|mer**, die Wartezimmer

wa|rum

die **War|ze**, die Warzen

was

die **Wä|sche**

wa|schen, du wäschst, du wuschst, du hast ge- waschen

das **Wasch|pul|ver**, die Waschpulver

was

das **Was|ser**

was|ser|dicht

wäs|sern

wäss|rig, auch: wässe- rig

wat|scheln

die **Wat|te**, die Watten

der **Wat|te|bausch**, die Wattebäusche

wat|tig

das **WC**, die WCs

WC ist eine Abkürzung für den englischen Begriff *water closet*, auf Deutsch: *Wasserklosett.*

we|ben

der **Web|stuhl**, die Web- stühle

wech|sel|haft

wech|seln

we|cken

der **We|cker**, die Wecker

we|der (… noch)

we|deln

weg

der **Weg**, die Wege

we|gen

weg|neh|men, er nahm weg, er hat weg- genommen

der **Weg|wei|ser**, die Weg- weiser

weg|wer|fen, du warfst weg, du hast wegge- worfen

we|hen

weh|lei|dig

sich **weh|ren**, er wehrt sich

wehr|los

weh|tun, es tut weh → tun

das **Weib**, die Weiber

weib|lich

weich

die **Wei|de**, die Weiden

wei|den

das **Wei|den|kätz|chen**, die Weidenkätzchen

sich **wei|gern**, sie weigert sich

die **Wei**|**ge**|**rung**, die Weige-
rungen

der **Wei**|**her**, die Weiher

das **Weih**|**nach**|**ten**, die
Weihnachten

der **Weih**|**nachts**|**baum**,
die Weihnachtsbäume

der **Weih**|**nachts**|**mann**,
die Weihnachtsmänner

weil

eine **Wei**|**le**

der **Wein**, die Weine

wei|**nen**

wei|**ner**|**lich**

wei|**se**

die **Weis**|**heit**, die Weis-
heiten

weiß

ich **weiß** → wissen

weit

wei|**ter**

wei|**ter**|**ge**|**hen**, sie
gingen weiter, sie sind
weitergegangen

der **Wei**|**zen**

wel|**cher**, welche,
welches

wel|**ken**

die **Wel**|**le**, die Wellen

der **Wel**|**len**|**sit**|**tich**, die
Wellensittiche

wel|**lig**

der **Wel**|**pe**, die
Welpen

die **Welt**, die
Welten

das **Welt**|**all**

der **Welt**|**raum**|**for**|**scher**,
die Weltraumforscher

welt|**weit**

wem

wen

wen|**den**

sich **wen**|**den** (an jemanden),
er wendete sich an ...,
auch: er wandte sich an ...

we|**nig**

we|**nigs**|**tens**

wenn

wer

wer|**ben**

die **Wer**|**bung**, die Werbun-
gen

wer|**den**, er wird, er
wurde, er ist geworden

wer|**fen**, sie wirft, sie
warf, sie hat geworfen

das **Werk**, die Werke

die **Werk**|**statt**, die Werk-
stätten

der	**Werk|tag**, die Werktage
	werk|tags
das	**Werk|zeug**, die Werkzeuge
der	**Werk|zeug|kas|ten**, die Werkzeugkästen

wert (sein)

der	**Wert**, die Werte
	wert|los
	wert|voll
das	**We|sen**, die Wesen
	we|sent|lich
	wes|halb
	we|sen
der	**Wes|ten**

Wie du sicher weißt, gibt es insgesamt vier Himmels-richtungen: *der Westen (W), der Norden (N), der Osten (O)* und *der Süden (S)*. Manchmal kommt der Wind aber nicht genau aus Westen, sondern gleich-zeitig ein bisschen aus dem Norden; dann sagt man, er kommt aus *Nordwest (NW)*. Es gibt auch *Südost (SO)* und *Südwest (SW)*.

	west|lich
der	**Wes|tern**, die Western
	wes|we|gen
der	**Wett|be|werb**, die Wett-bewerbe

die	**Wet|te**, die Wetten
das	**Wet|ter**

der	**Wett|kampf**, die Wett-kämpfe
	wich|tig
der	**Wich|tig|tu|er**, die Wichtigtuer
	wi|ckeln
der	**Wid|der**, die Widder
	wi|der (gegen)
	wi|der|bors|tig
	wi|der|lich
die	**Wi|der|re|de**, die Wider-reden
	wi|der|spens|tig
	wi|der|spre|chen, du widersprichst → sprechen
der	**Wi|der|stand**, die Wi-derstände
	wi|der|stands|los
	wi|der|wär|tig
	wi|der|wil|lig
	wie
	wie|der
	wie|der|ge|ben, du gabst wieder, du hast wiedergegeben
	wie|der|ho|len
	wie|der|keh|ren, du kehrtest wieder, du bist wiedergekehrt

Aa Bb Cc Dd Ee Ff Gg Hh Ii Jj Kk Ll Mm Nn Oo Pp Qq Rr Ss Tt Uu Vv **Ww** Xx Yy Zz das **Wie|der|se|hen**, die Wiedersehen

wie|gen, sie wog, sie hat gewogen

wie|hern

die **Wie|se**, die Wiesen

das **Wie|sel**, die Wiesel

wie|so

wie viel, wie viele

wild

die **Wild|nis**

will|kom|men

du **willst** → wollen

die **Wim|per**, die Wimpern

der **Wind**, die Winde

die **Win|del**, die Windeln

win|dig

die **Wind|müh|le**, die Windmühlen

die **Wind|rich|tung**, die Windrichtungen

wind|still

win|ken

win|seln

der **Win|ter**, die Winter

win|ter|lich

win|zig

die **Wip|pe**, die Wippen

wir

er **wird** → werden

sie **wirft** → werfen

wirk|lich

die **Wirk|lich|keit**, die Wirklichkeiten

wirr

der **Wirr|warr**

der **Wirt**, die Wirte

wi|schen

wiss|be|gie|rig

wis|sen, ich weiß, ich wusste, ich habe gewusst

die **Wis|sen|schaft**, die Wissenschaften

wis|sens|wert

wit|tern

die **Wit|we**, die Witwen

der **Witz**, die Witze

wit|zig

wo

die **Wo|che**, die Wochen

wo|chen|lang

der **Wo|chen|tag**, die Wochentage

wö|chent|lich

sie **wog** → wiegen

wohl

> Bei den Zusammensetzungen mit *wohl* musst du auf die Schreibung achten: Hier muss man sich einfach *wohl fühlen*. Das heiße Bad wird ihnen *wohl tun*. Peter ist ein *wohl erzogener* Junge. *Zum Wohl!*

wohl|lig

wohl|tä|tig

	woh|nen
das	**Wohn|haus**, die Wohn- häuser
die	**Woh|nung**, die Woh- nungen
	woh|nungs|los
der	**Wolf**, die Wölfe
die	**Wol|ke**, die Wolken
	wol|ken|los
	wol|kig
	wol|len

> Gegenwart: *ich will, du willst, er/sie/es will, wir wollen, ihr wollt, sie wollen.*
> 1. Vergangenheit: *ich wollte, du wolltest, er/sie/es wollte, wir wollten, ihr wolltet, sie wollten.*
> 2. Vergangenheit: *ich habe gewollt, du hast gewollt …*

das	**Wort**, die Wörter (ein- zelne Begriffe), auch: die Worte (zusammenhän- gende Wörter, Sätze)
das	**Wör|ter|buch**, die Wör- terbücher
die	**Wort|fa|mi|lie**, die Wortfamilien
das	**Wort|feld**, die Wort- felder
	wort|los
	wo|zu
er	**wuchs** → wachsen

die	**Wucht**
	wüh|len
die	**Wun|de**, die Wunden
das	**Wun|der**, die Wunder
	wun|der|bar
die	**Wun|der|ker|ze**, die Wunderkerzen
sich	**wun|dern**, er wunderte sich
	wun|der|schön
der	**Wunsch**, die Wünsche
	wün|schen
	wür|dig
der	**Wurf**, die Würfe
der	**Wür|fel**, die Würfel
	wür|feln
das	**Wür|fel|spiel**, die Würfelspiele
der	**Wür|fel|zu|cker**
	wür|gen
der	**Wurm**, die Würmer
die	**Wurst**, die Würste
das	**Würst|chen**, die Würst- chen
die	**Wur|zel**, die Wurzeln
	wür|zen
	wu|sche|lig
der	**Wu|schel|kopf**, die Wuschelköpfe
du	**wuschst** → waschen
ich	**wusste** → wissen
die	**Wüs|te**, die Wüsten
die	**Wut**
	wü|tend
	wut|ent|brannt

Aa Bb Cc Dd Ee Ff Gg Hh Ii Jj Kk Ll Mm Nn Oo Pp Qq Rr Ss Tt Uu Vv **Ww** Xx Yy Zz

die	**X-Beine**
	x-bei|nig, auch: X-beinig
	x-fach
	x-mal
das	**Xy|lo|fon**, auch: das Xylophon, die Xylofone
die	**Yacht**, auch: die Jacht, die Yachten
der	**Ye|ti**, die Yetis
das	**Yo|ga**, auch: das Joga
das	**Yo-Yo**, auch: das Jo-Jo, die Yo-Yos
das	**Yp|si|lon**
	za|ckig
	zag|haft
	zäh
die	**Zahl**, die Zahlen
	zah|len
	zäh|len
	zahl|reich

	zahm
	zäh|men
der	**Zahn**, die Zähne
die	**Zahn|bürs|te**, die Zahnbürsten
das	**Zäh|ne|klap|pern**
das	**Zahn|weh**
die	**Zan|ge**, die Zangen
sich	**zan|ken**, sie zanken sich
der	**Zap|fen**, die Zapfen
	zap|pe|lig, auch: zapplig
	zap|peln
	zap|pen|dus|ter
	zart
	zärt|lich
die	**Zau|be|rei**, die Zaube-reien

der *Zauberer*, die *Zauber*kraft, der *Zauber*-lehrling, der *Zauber*stab, der *Zauber*spruch, das *Zauber*wort, *zauber*haft, *zaubern* ...

das	**Zaum|zeug**
der	**Zaun**, die Zäune
das	**Ze|bra**, **Zeb|ra**, die Zebras
die	**Ze|cke**, die Zecken
der	**Zeh**, auch: die Zehe, die Zehen
	zehn
	zehn|mal
das	**Zehn|me|ter|brett**, die Zehnmeterbretter
das	**Zei|chen**, die Zeichen
die	**Zei|chen|set|zung**
die	**Zei|chen|spra|che**, die Zeichensprachen
der	**Zei|chen|trick|film**, die Zeichentrickfilme
	zeich|nen
die	**Zeich|nung**, die Zeichnungen
der	**Zei|ge|fin|ger**, die Zeigefinger
	zei|gen
die	**Zei|le**, die Zeilen
die	**Zeit**, die Zeiten
	zei|tig
	zeit|los
die	**Zeit|lu|pe**, die Zeitlupen
die	**Zei|tung**, die Zeitungen
die	**Zeit|schrift**, die Zeitschriften
	zeit|wei|se
das	**Zeit|wort**, die Zeitwörter

die	**Zel|le**, die Zellen
das	**Zelt**, die Zelte

	zel|ten
das	**Zelt|la|ger**, die Zeltlager
der	**Ze|ment**
die	**Zen|sur**, die Zensuren
der	**Zen|ti|me|ter**, die Zentimeter, kurz: cm
der	**Zent|ner**, die Zentner, kurz: Ztr.
	zen|tral
das	**Zent|rum**, **Zen|trum**, die Zentren
der	**Zep|pe|lin**, die Zeppeline
	zer|brech|lich
	zer|bröckeln
	zer|fetzt
	zer|furcht
	zer|klei|nern
	zer|klüf|tet
	zer|knirscht
	zer|knit|tern
	zer|knüllt
	zer|quet|schen
	zer|rei|ßen, er zerriss, er hat zerrissen

Aa
Bb
Cc
Dd
Ee
Ff
Gg
Hh
Ii
Jj
Kk
Ll
Mm
Nn
Oo
Pp
Qq
Rr
Ss
Tt
Uu
Vv
Ww
Xx
Yy
Zz

zer|ren
zer|split|tern
zer|stö|ren
zer|zaust
der **Zet|tel**, die Zettel
das **Zeug**
der **Zeu|ge**, die Zeugen
das **Zeug|nis**, die Zeugnisse
die **Zeu|gung**
die **Zi|cke**, die Zicken
zi|ckig
im **Zick|zack**
die **Zie|ge**, die Ziegen
der **Zie|gel**, die Ziegel
zie|hen, er zog, er hat/ist gezogen

das **Ziel**, die Ziele
zie|len
ziel|los
ziel|si|cher
ziel|stre|big
ziem|lich
sich **zie|ren**, er ziert sich
zier|lich
die **Zif|fer**, die Ziffern
die **Zi|ga|ret|te**, die Zigaretten

die **Zi|gar|re**, die Zigarren
das **Zim|mer**, die Zimmer
zim|per|lich
der **Zimt**
der **Zip|fel**, die Zipfel
der **Zir|kel**, die Zirkel
der **Zir|kus**
der **Zir|kus|di|rek|tor**, die Zirkusdirektoren
das **Zir|kus|zelt**, die Zirkuszelte
zir|pen

Zirpen ist ein Geräusch, das verschiedene Insekten erzeugen können, indem sie zwei Körperteile aneinanderreiben. Besonders bekannt ist es bei Grillen.

zi|scheln
zi|schen
die **Zit|ro|ne**, **Zi|tro|ne**, die Zitronen
zi|tro|nen|gelb, zit|ro|nen|gelb
die **Zi|trus|frucht**, **Zit|rus|frucht**, die Zitrusfrüchte
zit|tern
zitt|rig, auch: zitterig
die **Zit|ze**, die Zitzen
er **zog** → ziehen
zö|gern
zö|gernd
der **Zoll**, die Zölle

die **Zo|ne**, die Zonen
der **Zoo**, die Zoos

> Weitere Wörter mit
> Doppel-*o* sind:
> *das Moor, das Moos,*
> *das Boot ...*

die **Zoo|hand|lung**, die Zoohandlungen
der **Zopf**, die Zöpfe
zor|nig
zu
die **Zuc|chi|ni**, die Zucchini
die **Zucht**, die Zuchten
züch|ten
zu|ckeln
zu|cken
der **Zu|cker**
zu|ckern
zu|de|cken
zu|erst
der **Zu|fall**, die Zufälle
zu|fäl|lig
zu|frie|den
der **Zug**, die Züge

die **Zu|ga|be**, die Zu-
gaben

die **Zug|brü|cke**, die Zug-
brücken
zu|ge|ben, sie gibt zu
→ geben
der **Zü|gel**, die Zügel
zu|gig
zü|gig
zu|gleich
zu|gu|cken, sie guckt
zu
der **Zug|vo|gel**, die Zug-
vögel
das **Zu|hau|se**
zu Hau|se, auch: zu-
hause
zu|hei|len, es heilt
zu
zu|hö|ren, sie hört
zu
zu|knöp|fen
die **Zu|kunft**
zu|künf|tig
zu|läs|sig
zu|letzt
zum
zu|ma|chen, er macht
zu
zum Bei|spiel
zu|min|dest
zu|mu|te, auch: zu
Mute
zu|nächst
die **Zu|nah|me**, die Zu-
nahmen
zün|deln
zün|den

Aa
Bb
Cc
Dd
Ee
Ff
Gg
Hh
Ii
Jj
Kk
Ll
Mm
Nn
Oo
Pp
Qq
Rr
Ss
Tt
Uu
Vv
Ww
Xx
Yy
Zz

das **Zünd|holz**, die Zünd-
hölzer
die **Zun|ge**, die Zungen

zup|fen
zur
zu|rück
zu|rück|ge|ben, er gibt
zurück → geben
zu|sam|men
zu|schau|en, du
schaust zu
der **Zu|schau|er**, die Zu-
schauer
zu|trau|en
das **Zu|trau|en**
der **Zu|tritt**
zu|ver|läs|sig
zu viel
zu|vor
zu|vor|kom|mend
zu|wi|der
sie **zwang** → zwingen
der **Zwang**, die Zwänge
zwan|zig
zwar

der **Zweck**, die Zwecke
zweck|los
zweck|mä|ßig
zwei
zwei|er|lei
der **Zweig**, die Zweige

der **Zwerg**, die Zwerge
die **Zwetsch|ge**, die
Zwetschgen
zwi|cken
die **Zwick|müh|le**
der **Zwie|back**, die Zwie-
bäcke
die **Zwie|bel**, die Zwie-
beln
der **Zwil|ling**, die Zwil-
linge
zwin|gen, sie zwingt,
sie zwang, sie hat ge-
zwungen
zwin|kern
zwi|schen
zwi|schen|durch
der **Zwi|schen|fall**, die
Zwischenfälle
zwit|schern
zwölf
der **Zy|lin|der**,
die Zylinder

Bild-
wörterbuch

die Tochter
daughter

der Sohn
son

die Mutter
mother

der Vater
father

die Eltern
parents

der Bruder
brother

die Schwester
sister

die Geschwister
siblings

die Zwillinge
twins

die Großmutter
grandmother

der Großvater
grandfather

die Tante
aunt

der Onkel
uncle

das Baby

baby

das Kind

child

der / die Jugendliche

teenager

der / die Erwachsene

adult

das Mädchen

girl

die Freundin

friend

der Freund

friend

der Junge

boy

der Mann

man

die Frau

woman

Mein Körper – my body ....

der Kopf
head

die Schulter
shoulder

_____

die Brust
chest

_____

der Bauch
belly

_____

der Finger
finger

_____

das Knie
knee

_____

der Fuß
foot

die Zehe
toe

_____

der Arm
arm

der Rücken
back

_____

die Hand
hand

_____

der Po
bottom

_____

das Bein
leg

_____

die Haare
hair

die Stirn
forehead

die Wange
cheek

das Ohr
ear

das Auge
eye

der Mund
mouth

die Nase
nose

der Hals
neck

die Zähne
teeth

das Kinn
chin

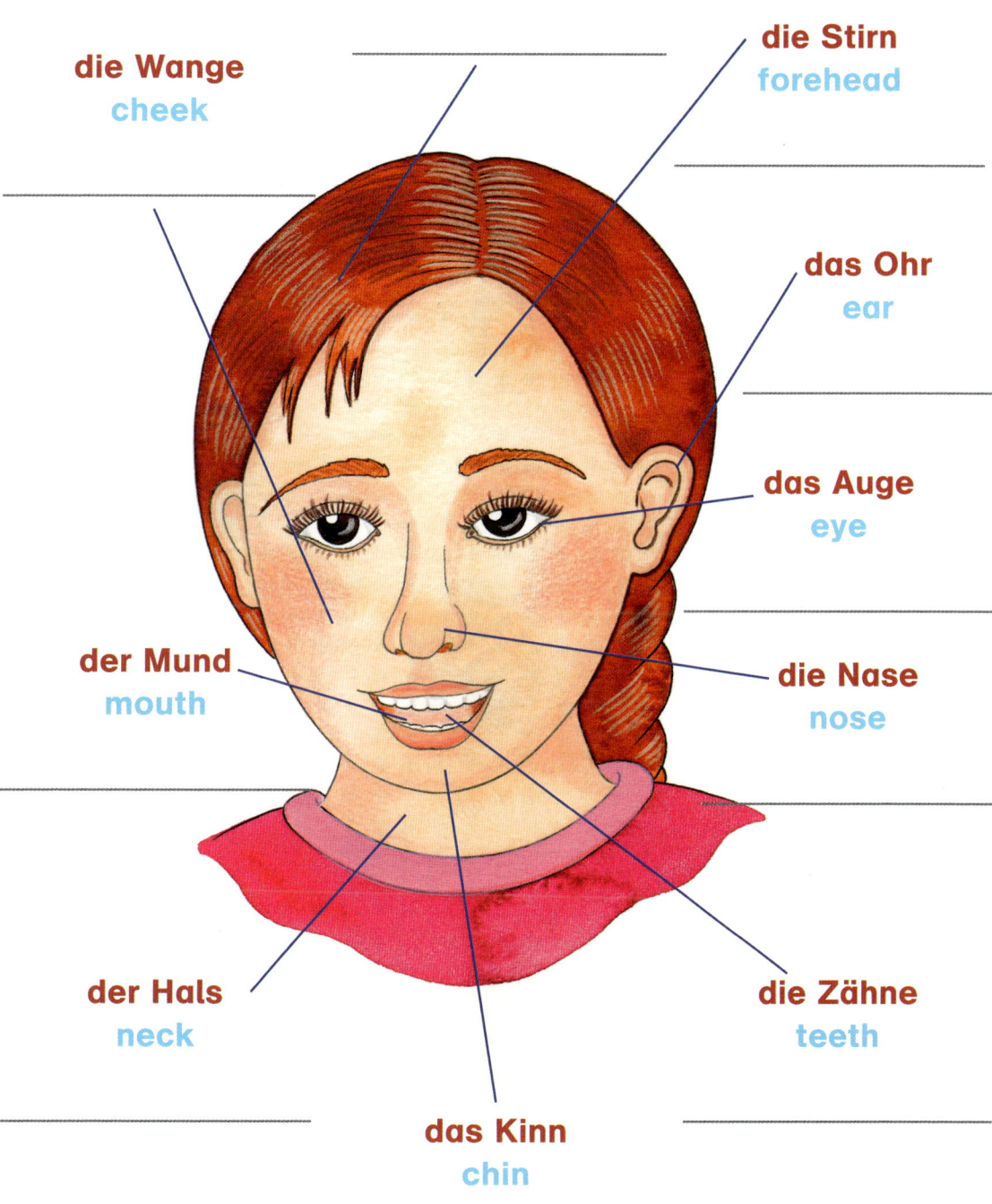

der Pullover
pullover

das T-Shirt
t-shirt

die Hose
trousers

die Jeans
jeans

das Kleid
dress

der Rock
skirt

die Sandalen
sandals

die Schuhe
shoes

die Gummistiefel
rubber boots

der Schal
scarf

die Mütze
woolly hat

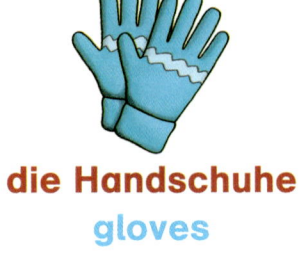

die Handschuhe
gloves

die Strumpfhose
tights

die Socken
socks

die Kappe
cap

die Jacke
jacket

der Mantel
coat

die Shorts
shorts

der Schlafanzug
pyjamas

das Nachthemd
nightdress

die Unterhose
underpants

das Unterhemd
vest

die Badehose
swimming trunks

der Badeanzug
swimsuit

die Pflaume
plum

der Apfel
apple

die Orange
orange

die Banane
banana

die Erdbeere
strawberry

die Birne
pear

die Ananas
pineapple

die Traube
grape

die Kirsche
cherry

die Zitrone
lemon

die Kiwi
kiwi

die Melone
melon

die Zucchini
courgette

die Karotte
carrot

die Tomate
tomato

die Kartoffel
potato

die Gurke
cucumber

der Paprika
(sweet) pepper

die Zwiebel
onion

der Salat
lettuce

der Kürbis
pumpkin

die Bohne
bean

die Erbse
pea

der Lauch
leek

Lebensmittel – foods

das Wasser
water

der Saft
juice

die Limonade
soft drink

der Kakao
hot chocolate

der Tee
tea

der Kaffee
coffee

das Bonbon
bonbon

die Schokolade
chocolate

die Gummibärchen
jelly bear

der Pudding
pudding

das Eis
ice cream

der Joghurt
yogurt

die Wurst
sausage

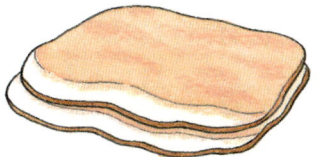
der Schinken
ham

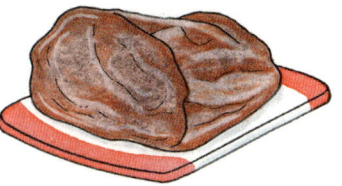
das Fleisch
meat

der Käse
cheese

der Fisch
fish

die Butter
butter

die Sahne
cream

der Quark
quark

die Milch
milk

der Frischkäse
cream cheese

Lebensmittel – foods ....

das Brot
bread

das Brötchen
bread roll

das Toastbrot
toast

der Honig
honey

die Marmelade
jam

die Nuss-Nougat-Creme
hazelnut spread

die Haferflocken
oat flakes

das Müsli
cereal

die Cornflakes
cornflakes

der Kuchen
cake

die Torte
layer cake

der Keks
biscuit

das Salz
salt

der Pfeffer
pepper

die Nuss
nut

die Mayonnaise
mayonnaise

der Senf
mustard

das Ketchup
ketchup

die Nudeln
pasta

der Reis
rice

die Eier
eggs

das Mehl
flour

der Zucker
sugar

die Konservendose
tin

Zahlen – numbers

0 null
zero

1 eins
one

2 zwei
two

3 drei
three

4 vier
four

5 fünf
five

6 sechs
six

7 sieben
seven

8 acht
eight

9 neun
nine

10 zehn
ten

11 elf
eleven

12 zwölf
twelve

100 hundert
hundred

1000 tausend
thousand

der Geldbeutel
wallet

das Geld
money

die Münze
coin

der Schein
banknote

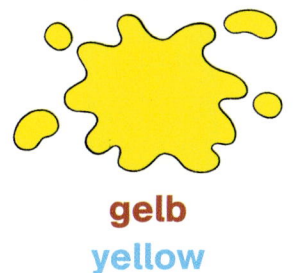

gelb
yellow

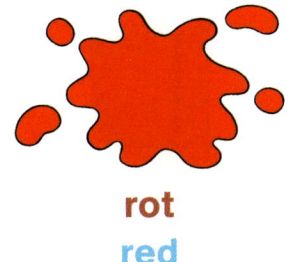

rot
red

blau
blue

grün
green

braun
brown

orange
orange

lila
purple

rosa
pink

grau
grey

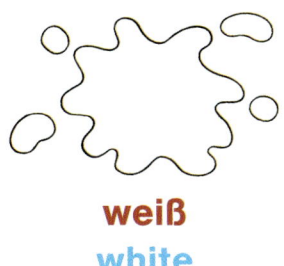

weiß
white

schwarz
black

bunt
colourful

In der Schule – at school ....

die Schultasche
school bag

das Buch
book

das Heft
exercise book

der Füller
fountain pen

der Bleistift
pencil

der Anspitzer
sharpener

der Radiergummi
rubber

das Lineal
ruler

die Schere
scissors

der Pinsel
brush

der Malkasten
paint box

der Klebstoff
glue

das Klassenzimmer
classroom

der Lehrer
teacher

die Lehrerin
teacher

der Schüler
pupil

die Schülerin
pupil

der Papierkorb
waste-paper basket

die Kreide
chalk

der Schwamm
sponge

die Tafel
board

der Stuhl
chair

der Tisch
desk

das Mäppchen
pencil case

Jahreszeiten – seasons ....

der Frühling
spring

der Sommer
summer

der Herbst
autumn

der Winter
winter

Januar
January

Februar
February

März
March

April
April

Mai
May

Juni
June

Juli
July

August
August

September
September

Oktober
October

November
November

Dezember
December

Wochentage und Uhrzeit – weekdays and time of day ....

Montag
Monday
_____

Dienstag
Tuesday
_____

Mittwoch
Wednesday
_____

Donnerstag
Thursday
_____

Freitag
Friday
_____

Samstag
Saturday
_____

Sonntag
Sunday
_____

das Wochenende
weekend
_____

der Wecker
alarm clock
_____

die Armbanduhr
watch
_____

zwölf Uhr

twelve o'clock

viertel nach zwölf

quarter past twelve

halb eins

half past twelve

viertel vor eins

quarter to one

zehn Minuten nach

ten minutes past

fünf Minuten vor

five minutes to

der Morgen

morning

der Vormittag

morning

der Mittag

noon

der Nachmittag

afternoon

der Abend

evening

die Nacht

night

Rad fahren
cycling

Fußball spielen
playing football

lesen
reading

spielen
playing

schwimmen
swimming

Skateboard fahren
skateboarding

tanzen / Ballett
dancing / ballet
dancing

malen
drawing

fernsehen
watching TV

Musik hören
listening to music

Drachen steigen
flying a kite

basteln
doing handicrafts

singen
singing

kochen
cooking

Ski fahren
skiing

reiten
horse riding

eislaufen
ice skating

Klavier spielen
playing the piano

seilspringen
rope skipping

puzzeln
doing a jigsaw

Computer spielen
playing computer games

Freunde treffen
meeting friends

backen
baking

Schlitten fahren
tobogganing

das Radio
radio

der Fernseher
television

das Buch
book

die Zeitung
newspaper

die Zeitschrift
magazine

das Telefon
phone

die CD
compact disc

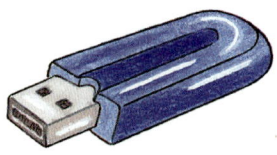

der USB-Stick
USB drive

der Computer
computer

die Tastatur
keyboard

der DVD-Player
DVD player

die Stereoanlage
stereo system

das Smartphone
smartphone

das Tablet
tablet

der Laptop
laptop

der MP3-Player
MP3 player

der Fotoapparat
camera

das Internet
internet

der Drucker
printer

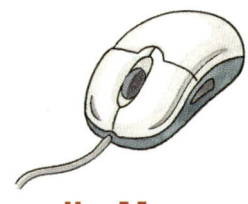

die Maus
mouse

Tiere – animals

der Hund
dog

die Katze
cat

die Kuh
cow

das Schaf
sheep

das Schwein
pig

das Pferd
horse

der Vogel
bird

das Huhn
chicken

die Maus
mouse

der Fisch
fish

die Ente
duck

das Kaninchen
rabbit

der Löwe
lion

der Tiger
tiger

der Bär
bear

der Elefant
elephant

das Krokodil
crocodile

der Pinguin
penguin

der Delfin
dolphin

der Affe
monkey

die Giraffe
giraffe

das Kamel
camel

das Känguru
kangaroo

die Schlange
snake

das Haus
house

die Tür
door

das Fenster
window

die Treppe
stairs

der Kamin
fireplace

das Schlafzimmer
bedroom

das Badezimmer
bathroom

das Dach
roof
_____

das Kinderzimmer
children's room
_____

das Wohnzimmer
living room
_____

die Küche
kitchen
_____

der Keller
cellar
_____

In der Küche – in the kitchen ....

das Spülbecken
sink

die Spülmaschine
dishwasher

der Kühlschrank
refrigerator

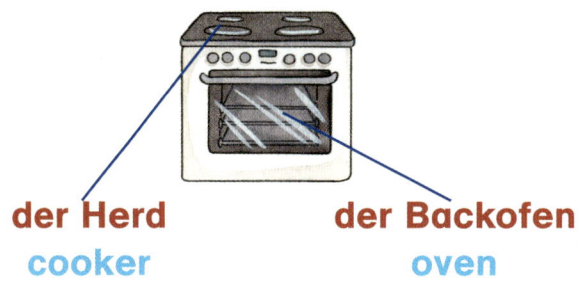

der Herd
cooker

der Backofen
oven

die Mikrowelle
microwave

die Pfanne
pan

der Topf
pot

die Teekanne
teapot

die Schüssel
bowl

das Sieb
sieve

der Dosenöffner
tin opener

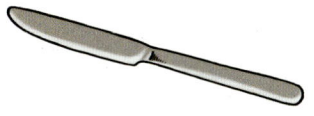

das Messer
knife

die Gabel
fork

der Löffel
spoon

der Teller
plate

die Tasse
cup

der Becher
mug

der Schneebesen
whisk

der Schöpflöffel
ladle

der Kochlöffel
cooking spoon

der Toaster
toaster

das Geschirrtuch
tea towel

das Spülmittel
washing-up liquid

Im Badezimmer – in the bathroom ....

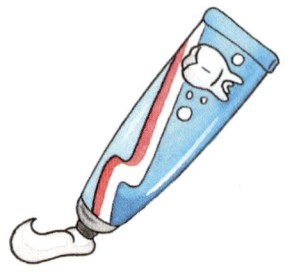

die Zahnpasta
toothpaste

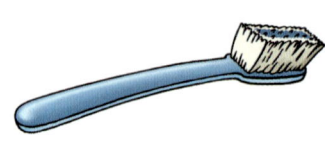

die Zahnbürste
toothbrush

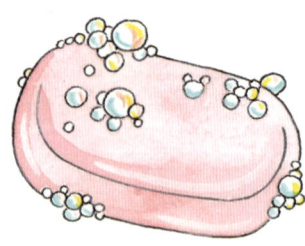

die Seife
soap

die Creme
cream

das Duschgel
shower gel

das Shampoo
shampoo

die Bürste
brush

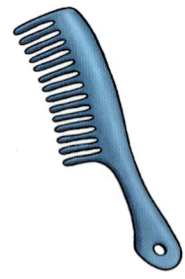

der Kamm
comb

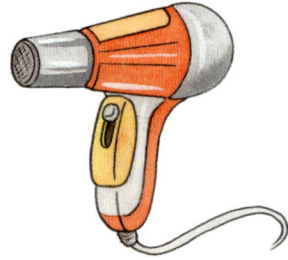

der Föhn
hairdryer

der Spiegel
mirror

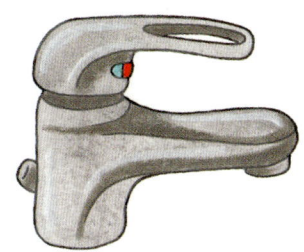

der Wasserhahn
tap

das Waschbecken
washbasin

die Badewanne
bathtub

die Dusche
shower

die Toilette
toilet

der Waschlappen
flannel

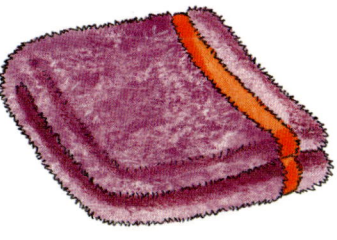

das Handtuch
towel

das Toilettenpapier
toilet paper

Im Wohnzimmer – in the livingroom ....

das Sofa
sofa

der Sessel
armchair

die Wolldecke
blanket

das Regal
shelves

die Kommode
chest of drawers

der Teppich
carpet

die Lampe
light

das Bild
painting

der Vorhang
curtain

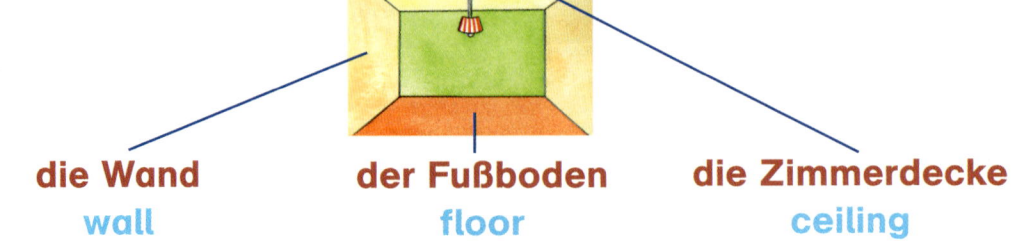

die Wand
wall

der Fußboden
floor

die Zimmerdecke
ceiling

das Bett
bed

das Kopfkissen
pillow

die Bettdecke
blanket

der Schrank
wardrobe

die Puppe
doll

der Ball
ball

die Bausteine
building blocks

das Stofftier
cuddly toy

das Puzzle
jigsaw puzzle

das Brettspiel
board game

das Kartenspiel
game of cards

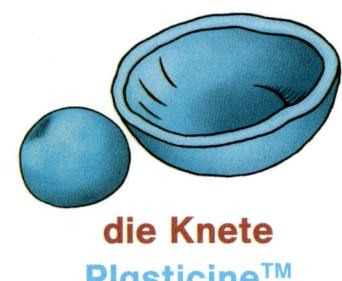

die Knete
Plasticine™

die Hecke
hedge

der Baum
tree

der Busch
bush

der Mond
moon

die Sonne
sun

der Himmel
sky

das Gras
grass

die Blume
flower

das Beet
flower bed

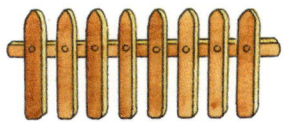

der Zaun
fence

der Teich
pond

die Erde
earth

die Straße
road

das Auto
car

die Ampel
traffic lights

der Fußgänger
pedestrian

der Gehweg
pavement

der LKW
truck

der Bus
bus

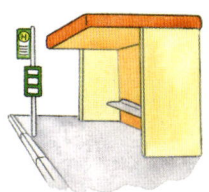

die Bushaltestelle
bus stop

der Fahrradweg
cycle path

das Fahrrad
bike

das Motorrad
motorcycle

die Kreuzung
crossroads

der Zebrastreifen
zebra crossing

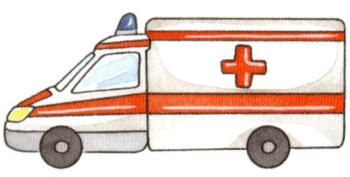

der Krankenwagen
ambulance

das Polizeiauto
police car

das Feuerwehrauto
fire engine

das Flugzeug
plane

der Hubschrauber
helicopter

der Zug
train

das Verkehrsschild
road sign

der Fahrradhelm
cycle helmet

die Spielstraße
play street

die Baustelle
building site

der Spielplatz
playground

das Krankenhaus
hospital

die Schule
school

der Kindergarten
kindergarten

der Briefkasten
letter box

das Kino
cinema

die Kirche
church

der Bahnhof
railway station

der Kiosk
kiosk

die Apotheke
pharmacy

Erste Sätze Deutsch

Hier findest du ganz einfache Fragen und Sätze auf Deutsch.
Diese kannst du beantworten und anschließend in eine
weitere Sprache übersetzen. Vielleicht auf Englisch?
Oder hast du eine andere Muttersprache und
kannst so ein Vokabelheft erstellen, das
dir beim Deutschlernen hilft?

Wie heißt du?

Ich heiße _____.

Wie ist dein Name?

Mein Name ist _____.

Wie alt bist du?

Ich bin _____ Jahre alt.

Wann hast du Geburtstag?

Ich habe am _____

Geburtstag.

Woher kommst du?

Ich komme aus _____.

Wo wohnst du?

Ich wohne in _____.

Wie geht es dir?

Mir geht es gut. Und dir?

Kennenlernen ....

Wie viele Geschwister hast du?

Ich habe keine Geschwister.

Ich bin Einzelkind.

Ich habe eine (jüngere/

ältere) Schwester.

Ich habe einen (jüngeren/

älteren) Bruder.

Ich habe _____ Geschwister.

Wie heißen deine Eltern?

Meine Mutter heißt _____ .

Mein Vater heißt _____ .

Hast du ein Haustier?

Ja, ich habe eine Katze/

einen Hund.

Nein, ich habe keine Haustiere.

Welche Sprachen sprichst du?

Ich spreche _____ .

Was magst du gerne?

Ich mag gerne _____ .

Wie groß bist du?

Ich bin 1,_____ m groß.

Wie viel wiegst du?

Ich wiege _____ Kilogramm.

Welche Schuhgröße hast du?

Ich habe Schuhgröße _____.

Welche Augenfarbe hast du?

Ich habe _____ Augen.

Ich trage eine Brille.

Welche Haarfarbe hast du?

Ich habe _____ Haare.

Wie sehen deine Haare aus?

Ich habe glatte/lockige Haare.

Wie lang sind deine Haare?

Meine Haare sind lang/kurz.

Geht es dir nicht gut?

Nein, mir geht es nicht gut.

Ich habe mich verletzt.

Ich habe Fieber.

Ich bin müde.

Kalender, Uhrzeit und Wetter

Welches Jahr haben wir?

Wir haben das Jahr _____.

Die Jahreszeiten heißen Frühling,

Sommer, Herbst und Winter.

Das Jahr hat zwölf Monate.

Eine Woche dauert sieben Tage.

Der Monat Januar hat 31 Tage.

Welches Datum ist heute?

Heute ist der _____.

Welchen Tag haben wir heute?

Heute ist _____.

Wie spät ist es?

Weißt du, wie viel Uhr es ist?

Es ist _____ Uhr.

Es ist Mittag/Abend.

Wie ist das Wetter?

Es ist schönes/schlechtes Wetter.

Es schneit/regnet.

Die Sonne scheint.

Der Wind weht.

In welche Schule gehst du?

Ich gehe in die Grundschule.

In welcher Klasse bist du?

Ich bin in der _____ Klasse.

Wie heißt dein Lehrer /

deine Lehrerin?

Mein Lehrer heißt Herr _____

_____ ./ Meine Lehrerin

heißt Frau _____ .

Welches ist dein Lieblingsfach?

Mein Lieblingsfach ist _____ .

Welche Note hast du in Deutsch?

Ich habe eine _____ .

Wie heißt euer Klassensprecher?

Unser Klassensprecher heißt

_____ .

Wann fängt der Unterricht an?

Der Unterricht beginnt um _____ Uhr.

Wann ist die große Pause?

Die große Pause ist um _____ Uhr.

Einkaufen ....

Ich gehe einkaufen.

Kann ich dir helfen?

Wirst du schon bedient?

Wo finde ich _____ ?

Verkaufen Sie _____ ?

Wie viel (Kilo-)Gramm wiegt das?

Wie viel kostet das?

Wie teuer ist das?

Wie viel muss ich dafür bezahlen?

Das Brot kostet zwei Euro.

Wie lange haben Sie geöffnet?

Das Geschäft ist durchgehend

geöffnet.

Ich würde gerne _____

_____ kaufen.

Wo kann ich die Hose anprobieren?

Wo sind die Umkleidekabinen?

Wo kann ich bezahlen?

Wo ist die Kasse?

Können Sie wechseln?

Bildnachweis

Einleitung:
Claudia Bichler: S. 7; S. 9 u.; S. 11 o.
Gerlinde Keller: S. 4–6; S. 8; S. 9 o.; S. 10 r. o.
shutterstock.com/HiSunnySky: S. 11–13 (Krokodil)

Kurzes Wörterverzeichnis:
Claudia Bichler: S. 17 r.; S. 18 l. u., r.; S. 19 r.; S. 21 l. o.; S. 22 l., r. o; S. 23 r.; S. 25 l., r. u.; S. 26 l. u.;
S. 27 r. o.; S. 28 r. o.; S. 30 l; S. 31 l., r. u.; S. 32 r. u.; S. 35 r., l. o.; S. 39 r. o.; S. 40 r.
Anja Imke: S. 17 l. o.; S. 19 l. o.; S. 20 l.; S. 21 l. u., r. o.; S. 23 l.; S. 24; S. 25 r. o.; S. 27 l., r. u.;
S. 28 l., r. u.; S. 29; S. 30 r.; S. 31 r. o.; S. 32 l., r. o.; S. 33; S. 34; S. 35 r. u.; S. 36; S. 37; S. 38;
S. 39 l., r. u.; S. 40 l.
Gerlinde Keller: S. 17 l. u.; S. 18 l. o.; S. 19 l. u.; S. 20 r.; S. 21 r. u.; S. 22 r. u.; S. 26 l. o., r.

Langes Wörterverzeichnis:
Claudia Bichler: S. 7; S. 44 l., r. u.; S. 45; S. 47 o.; S. 48; S. 49; S. 51 r.; S. 52 r.; S. 53; S. 54 r. u., l. u.;
S. 56 r.; S. 60; S. 61; S. 62, l.; S. 63 l; S. 65 o.; S. 66; S. 70; S. 71 l. o. u., r.; S. 72; S. 73; S. 75; S. 76;
S. 77 l.; S. 78; S. 79 l.; S. 80; S. 81; S. 82 r.; S. 84 l. o., l. u., r.; S. 85 r.; S. 89; S. 90 r. o.; S. 91; S. 92 l.;
S. 95 l. u., r. o.; S. 96; S. 97; S. 98; S. 99 r. o.; S. 100; S. 102; S. 106 l. o., l. u., r.; S. 108; S. 109 l.;
S. 113 r.; S. 115; S. 117; S. 118; S. 119 l. o., l. u., r.; S. 121; S. 122 l.; S. 123 r.; S. 125 o.; S. 126;
S. 128 l. u., r. o.; S. 129 u.; S. 130 l.; S. 131 o.; S. 134 l. u., r. u., r.; S. 137 u.; S. 138 r.; S. 139; S. 140 l.;
S. 141; S. 144–152; S. 154 r.; S. 155; S. 156; S. 158; S. 159 o.; S. 160; S. 162; S. 163; S. 167; S. 168;
S. 171; S. 172; S. 174
Anja Imke: S. 141
Gerlinde Keller: S. 4; S. 5; S. 6; S. 8; S. 44 r. o.; S. 46; S. 47 u.; S. 50; S. 51 l.; S. 52 l.; S. 54 l. o.;
S. 55; S. 56 l.; S. 57 l.; S. 58; S. 63 r.; S. 64 r.; S. 65 u.; S. 67; S. 68; S. 69; S. 71 l. u.; S. 77 r.; S. 79 r.;
S. 82 l.; S. 83; S. 84 r. u.; S. 85 l.; S. 86; S. 87; S. 88; S. 89 l. u.; S. 90 r. u.; S. 92 r.; S. 93; S. 94;
S. 95 r. u.; S. 99 l. u.; S. 100 r. u.; S. 101; S. 103; S. 104.; S. 106 l. u.; S. 107; S. 109 r.; S. 110; S. 111;
S. 112; S. 113 l.; S. 114; S. 116; S. 119 l. u.; S. 120; S. 122 r.; S. 123 l.; S. 124; S. 125 u.; S. 127; S.
128 r. u.; S. 129 o.; S. 130 r.; S. 131 u.; S. 132; S. 133; S. 134 l. o.; S. 135; S. 137 o.; S. 138 l.; S. 140 r.;
S. 142; S. 153; S. 154 l.; S. 157; S. 159 u.; S. 161; S. 165; S. 166; S. 173
Aufmacherbuchstaben: shutterstock.com, Lorelyn Medina
Krokodil bei Aufmacherbuchstaben: shutterstock.com/HiSunnySky

Bildwörterbuch:
Claudia Bichler, Anja Imke

Erste Sätze Deutsch:
Anja Imke: S. 202 (Füller); S. 203 (Katze, Hund); S. 204 (alle außer Mädchen);
S. 205 (Uhr, Wecker, Wolke); S. 206 (Schulranzen, Hefte, Federmäppchen); S. 207 (alle)
Claudia Bichler: S. 202 (alle außer Füller); S. 203 (Menschen); S. 204 (Mädchen);
S. 205 (Bäume); S. 206 (Schule, Lehrer)

Übungshefte für die 2. und 3./4. Klasse

Ergänzend zum Buch sind zwei Übungshefte im Din-A4-Format erhältlich – eines für die 2. Klasse und eines für die Klassen 3 und 4. Sie können sowohl unterrichtsbegleitend als auch beim selbstständigen Üben zu Hause eingesetzt werden. Trainiert werden das Ordnen nach dem Alphabet und andere Grundfertigkeiten für den Umgang mit einem Wörterbuch. Mit den Lösungen auf den letzten Seiten der Hefte können Schüler und Eltern die Antworten ganz leicht selbst überprüfen.

Übungsheft für die 3./4. Klasse:
48 Seiten, vierfarbig, Broschur, 2,99 € (D)
ISBN 978-3-8174-1546-5

Ergänzend erhältlich

Übungsheft für die 2. Klasse:
32 Seiten, vierfarbig, Broschur, 2,99 € (D)
ISBN 978-3-8174-1544-1

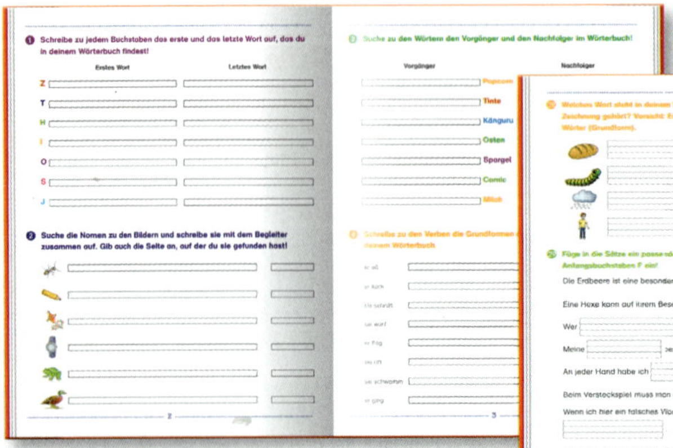

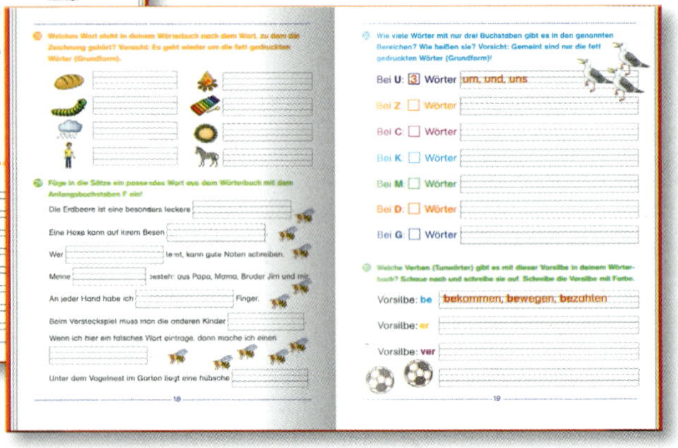